Franz Oppenheimer

Detlev von Liliencron - Ästhetische Studie

Franz Oppenheimer

Detlev von Liliencron - Ästhetische Studie

ISBN/EAN: 9783744644310

Hergestellt in Europa, USA, Kanada, Australien, Japan

Cover: Foto ©ninafisch / pixelio.de

Weitere Bücher finden Sie auf www.hansebooks.com

# Detlev von Liliencron.

Aesthetische Studie

von

Franz Oppenheimer.

Verlegt bei Schuster & Loeffler. Berlin.
1898.

Motto:

„Es lächeln die Weisen, es lachen die Narren:
in jedem Dache sind krumme Sparren."

Richard Dehmel.

Was heißt das: einen Künstler verstehen?

Heißt es, ihn logisch begreifen? Ist es eine Thätigkeit des Verstandes, die hier geübt wird? Nicht im Mindesten! Der Verstand zergliedert das Lebendige, um es zu erfassen — und dazu muß er es erst getötet haben. Der Verstand sucht die Verknüpfung von Ursachen und Wirkungen; aber die Kunst unterliegt dem Gesetze der Causalität nur in ihrer äußeren Erscheinungsform, nicht in ihrem Wesen.

Einen Künstler „verstehen" heißt ganz etwas anderes, als einen mathematischen Satz verstehen. Ganz andere Sphären des Bewußtseins treten in Aktion: die Sphären des Gefühls. Und darum sollte es besser heißen: einen Künstler „erfühlen". Man fühlt einen Künstler unmittelbar, wie eine Harfe einen Akkord mitfühlt, auf dessen Töne ihre Saiten eingestellt sind: man schwingt mit.

Solch fühlendes Verstehen läßt sich nicht lehren und nicht lernen: „wenn ihr's nicht fühlt, ihr werdet's nicht erjagen". Ein feiner Empfinder kann einen Adepten wohl in die Schönheit eines Kunstwerkes einführen, in die verborgenen Beziehungen der Form zum Inhalt, die seinem in Liebe geschulten Auge oder Ohre sich enthüllt haben; wenn aber der Adept nicht auf die Schwingungen der Künstlerseele von vornherein schon eingestellt war, dann wird er eben nie zu einem wahren Mitgefühl kommen. Dann wird die Autorität des Meisters nur einen Modenarren mehr dem langen Kometenschweif der ewig Unselbständigen angereiht haben, wie er sich an jeden hellen Stern der Kunst anheftet — freilich leider noch länger und hartnäckiger an bloße Trabanten, die ihr Licht von echten Sonnen stehlen; was notabene sehr natürlich ist; denn schwachen Augen, welche die Sonne blind macht, ist das Mondlicht angenehm.

Ich denke demnach sehr geringschätzig von dem Amte eines ästhetischen Mentors. Odi profanum vulgus et arceo — in Kunstsachen. Warum also schreibe ich dennoch über Detlev von Liliencron?

Ich will nicht versuchen, sein Schöpfen zu erschöpfen; ebenso gut könnte ich es wagen, den Frühling zu beschreiben oder das Meer oder die Jugend. Ich will auch kein Rezept geben, wie man es anfangen soll ihn zu verstehen, verstehend zu fühlen. Wer ihn liest, ohne ihn zu fühlen, thut sich und ihm und uns kein Unrecht, wenn er ihn garnicht erst verstehen mag.

Ich will ganz etwas anderes. Man kann „einen Künstler" nicht mit dem Verstande erfassen, wohl aber den Künstler. Das Individuum in seiner bunten Unendlichkeit entzieht sich der logischen Einordnung; aber der Typus ist ihr unterworfen. Auch hier freilich stößt man, wie bei allem Lebenden, schließlich auf die unlösbare Rätselfrage des ewigen und wirklichen Seins: aber bis an diese Grenze vorzubringen, ist uns Menschen, wie wir nun einmal gewachsen sind, Bedürfnis nnd Freude.

Um den Künstler zu begreifen, wähle ich mir einen Künstler aus der Schaar. Er soll mir als ästhetisches Versuchsobjekt dienen. Ich will ihn zergliedern, soweit mein Auge blicken und meine Logik schließen kann; ich will versuchen, sein Allgemeinstes von seinem Besonderften zu scheiden. Eine rein naturwissenschaftliche Untersuchung also. Meine eigene Freude an der Kunst überhaupt, an seiner Kunst im Besondern, habe ich dabei so weit zurückzustellen, wie es mir möglich ist. Daß ich ihn liebe, daß meine Gefühlsharfe laut mitklingt, wenn er die seine rührt, muß mir dabei ganz gleichgültig sein: der Botaniker, der eine Rose untersucht, läßt sich durch Duft und Schönheit auch nicht verwirren.

Ich will den Künstler nicht untersuchen, um seinem Kunstwerk näher zu rücken; sondern ich will im Gegenteil das Kunstwerk untersuchen, um den Künstler logisch zu erfassen als das, was er im Vergleich mit nichtkünstlerischen Menschen ist: als ein Phänomen, ein Wunder.

Wenn jemals ein Künstler ein Wundertier war, so ist es Detlev von Liliencron. Und darum, geliebter Leser, der du nach deutschem Brauche keine Wimper lüftest, um einen deutschen Dichter zu sehen, aber stundenlang am Eingang stehst, um ein Billet für irgend ein Kalb mit fünf Beinen zu ergattern: verweile einige Minuten, nicht um einen Dichter, sondern um ein Phänomen kennen zu lernen! —

Ich lernte Liliencron zuerst durch sein Gedicht „Cincinnatus" kennen, ein Ding von vielleicht 30 Zeilen, und in den wenigen Zeilen doch der ganze Mensch mit all seiner erstaunlichen Kraft und all seiner erstaunlichen Wunderlichkeit:

Meinen Jungen im Arm, in der Faust den Pflug,
Und ein fröhlich Herz, und das ist genug.
Frei will ich sein!
. . . . .
Und ruft mich der Kaiser in Not und Gefahr,
Ich entstürze dem Haus mit gesträubtem Haar!
. . . . .

Da sah ich den Dichter mit dem edlen Namen vor mir als einen jungen Friesenrecken, mindestens sieben Fuß hoch, mit langem Blondbart und gelben Locken, ein Zwischending von Baldur und Thor.

Und dann sah ich ihn von Angesicht zu Angesicht, den kleinen strammen Herrn: über dem glattrasierten Kinn die zum Küssen geborenen, vielleicht durch Küsse ausgeformten, zum Küssen liebenswürdigen und doch so spottherben Lippen. Darüber ein rostbrauner Husarenschnauzbart; und über der abligen, kurzgraben Nase ein paar nebelblaue Augen, die garnicht zu dem martialischen Gesicht und kurzgeschorenen Haupthaar stimmen wollten, die etwas schwimmenden und doch hellen, runden, erstaunten Augen eines Säuglings, von denen Niemand sagen kann, ob sie oceantief sind oder teich= flach. Und zu dem allen noch ein stets verbindliches Plaudern, dem man erst ganz allmählich die strengste Verschwiegenheit der Seele abmerkt.

Und später las ich seine ersten Poggfred = Gesänge, die eblen Stanzen und Terzinen: und träumte mir den Freund im Halbdunkel eines fürstlichen Landsitzes —

„Sein Name ist Poggfred, hochdeutsch Froschfrieden,
Denn Friede ist den Fröschen da beschieden" —

auf schweren Perserpfühlen ruhend, von seltenen Kunstwerken umgeben, die er selbst auf weiten Reisen gesammelt. Ich sah ihn, four=in=hand, im leichten Jagdwagen stundenlang über den eigenen Acker sausen. Ich sah ihn im ererbten Forste, den braunen Schweißhund am Stiefelschaft, die damascierte Pürschbüchse zum sicheren Blattschuß heben: Nimrod, Centaur, Grandseigneur.

Und dann kam ich in seine Junggesellenwohnung in der Palmaille in Altona, und das Grafenschloß erwies sich als ein winziges Stübchen mit noch winzigerem Schlaf= kabinett. Die Perserpfühle stellten sich als ein altmodisches Lederkanapee heraus, und statt auf einen väterlichen Forst fiel der Blick auf die im Decembernebel kochende Elbe. Und nun las ich von Neuem sein Poggfred=Epos, diesmal ganz und gar, und der erträumte Grandseigneur entpuppte sich mir als ein noch traumhaft größerer Herr: sein Götterwesen zwar aus Baldur und Thor, aber ein echter Lebensheld, ein Zwischending etwa aus Siegfried und Hagen.

Widersprüche, nichts als Widersprüche! Wohin ihr bei Liliencron blickt, blickt ihr auf Widersprüche. Unvermittelt liegen sie neben einander. Sie wirken nicht auf einander ein, lähmen sich nicht gegenseitig; jeder behält seine volle ursprüngliche Kraft und Richtung. Und dennoch — und das ist das Widerspruchsvollste von allem — sie alle zusammen machen einen Mann aus, so rund, so voll, so festgefügt, wie je einer über die Erde gewandelt ist. Da, wo alle diese Widersprüche sich berühren, ist die Pflanze gewachsen, die aus allen ihre Nahrung saugt: Detlev von Liliencron's Dichtergenie.

Liliencron's Herz ist das Paradies vor dem Sündenfall. Wie dort der Tiger friedlich neben dem Lamm lagerte — siehe Poggfred, elfter Cantus:

„Noch lieben Hund und Katze sich herzinnig,
Beim Lämmchen wohnt der Löwe biedersinnig" —

so verträgt sich in ihm der correkte Hauptmann der preußischen Landwehr mit dem vorurteilslosen Bohémien, der starre preußische Royalist mit dem weltvaterländischen Europäer, der feudale Abkömmling des souveränen, unermeßlich reichen Uradels mit dem anarchistisch angehauchten Chambregarnisten der Palmaille, der von Zeus nichts als das Abonnement zum Ehrenhimmel der Olympier erhalten hat; der Jüngling Telemach, strotzend von aller Kraft der Sinnlichkeit (in jedem Sinne) mit dem göttlichen Dulder Odysseus, der aus manchem Sturm kühle Ruhe und reiche Erfahrung mitgebracht hat; der Sproß des aussterbenden Schwert- und Muskeladels mit dem Ahnherrn des neuerstehenden Hirn- und Federadels.

Um alle diese Widersprüche zu einem Man ne zusammenzufassen, der mit nie verwirrtem Blick, mit immer sicherem Schritt durch das tausendfädige Leben unserer Zeit spaziert, muß diesem Manne eine Eigenschaft so gut wie völlig abgehen, die sonst die begabteren Kinder dieser Zeit vor denen anderer Zeiten auszeichnet oder elend macht: die hirnverfeinernde oder hinaufreibende Grübelei, die in dem nie gestillten Bestreben aufgeht und nicht selten zugrunde geht, alle die Elemente der inneren Welt, ererbte und erworbene, ober- und unterbewußte, egoistische und altruistische monistisch zu vereinen, für alle e i n e Weltformel zu finden. Dieser philosophische Trieb hat Liliencron's Stirn nie gejuckt. Auch er bekennt zwar im Poggfred:

„Ich bin des ewigen Zwiespalts mir bewußt,
Echt deutsch, ein Grübler selbst an Gottesbrust" —

aber eben: es genügt ihm, sich des Zwiespalts bewußt zu

sein, ihn hinzunehmen als Thatsache des Lebens: zu einer Auflösung der Gegensätze fühlt er sich nicht versucht.

Und das ist einer der Gründe, warum seine Sinne scharf sind, wie des Indianers. Nicht nur, weil er, der Sohn des Flachlandes, der Soldat und Waidmann, der stets in engster Berührung mit der großen Natur geblieben ist, die angeborene Schärfe seiner Sinne nicht im menschenmahlenden Getriebe der Großstädte verzettelt hat, sondern hauptsächlich deshalb, weil keine mühselige Eifelierarbeit an Gedankenketten seine Aufmerksamkeit ablenkt. Alle Spannung seines Gehirns steht als Späher an den Pforten seiner Sinne: und das gab und giebt ihm das Auge des Habichts, das Ohr des Hirsches, die Nase des Hühnerhundes, die Feinfühligkeit der Schnecke und — den Gaumen des Gourmet.

Klare Weltwahrnehmung ist erste Vorbedingung jeder Künstlerschaft. Und man kann die Künstler grabezu nach Art und Richtung ihrer Weltwahrnehmung gliedern. Den Spähern der Außenwelt stehen die Seher neuer Innenwelten ebenbürtig zur Seite; wo beides in einer Seele vereinigt ist, d. h. wo Außen- und Innenwelt fremde wie eigne, mit gleicher Schärfe erfaßt und als sinnliches Bild dank einer großartigen Geistesanlage zu einer Weltanschauung im weitesten Sinn verschmolzen sind, da trägt ein Tausendjahrgenie die Kaiserkrone.

Liliencrons Domäne ist die Außenwelt; und, grade weil er einseitig ist, weil sein Geist sich nur selten in die Zusammenhänge seines eigenen, und noch seltener in fremdes

Innenleben verstrickte, deshalb ist seine Weltanschauung im eigentlichsten sinnlichsten Sinn, eben seine Welt wahrnehmung, von einer selbst für Künstler phänomenalen Schärfe. Dieses künstlerische Organ in ihm ist auf Kosten anderer zu einer abnormen Vollendung ausgebildet: sein größter Vorzug und — sein tiefster Mangel! — Seine Sinne arbeiten wie der feinste Momentapparat. Ihnen entgeht nichts in der Weite und in der Nähe: alles kommt klar auf die Platte dieses außergewöhnlichen Gehirns, wird „entwickelt" und bleibt zu gelegentlichem Gebrauche bereit.

Denn wie die einmal fixierte photographische Platte noch nach Jahren beliebige Abzüge in vollster Klarheit und Schärfe liefert, so verfügt Liliencron über das unendliche Material seiner Beobachtung zu jeder Zeit. Nichts ist ihm zurückgetreten, verblaßt, verloren gegangen. Irgend ein Anstoß, willkürlich oder unwillkürlich, braucht ihm die Platte nur in seine Laterna magica zu schieben: und siehe, das Bild erscheint mit jeder feinsten Einzelheit auf der weißen Wand.

Das ganze Poggfred-Epos, mit seiner sprunghaft „kunterbunten" und doch peinlich exakten Technik, ist der beste Beleg für diesen sensuellen Mechanismus. Bis ins Einzelne kann man ihm da nachspüren, z. B. in folgendem entzückenden Naturbild, wo sich genau feststellen läßt, wie in dem reifen Manne bestimmte Kindheitseindrücke, märchenhafte und selbsterlebte einander plötzlich auslösen.

„Es war ein Wintertag, der Märzschnee schmolz,
Und an den nackten, schwarzen Stämmen rann
Die Feuchtigkeit und malte grün das Holz;
Schon wäscht und koppelt Freya ihr Gespann,
Die ersten Frühlingsfahnen flattern stolz,
An Baum und Pflänzchen putzt der Wurzelmann,
Erstaunt erwachen Fledermaus und Kröten,
Die Knaben schnitzen erste Weidenflöten."

In der psychologischen Terminologie würde das auszudrücken sein als: „Reproduktion von Erinnerungsbildern bis zur hallucinatorischen Deutlichkeit." Die Fähigkeit zu dieser Aeußerung des Seelenlebens besitzen im Traume, im Fieber, in krankhaften Erregungszuständen fast alle normalen Menschen; man nennt diese Fähigkeit Phantasie. Sehr viel seltener schon ist die Gabe, solche Hallucinationen im wachen Zustande, in voller Gesundheit, ohne künstliche Vorbereitung, zu erleben und nach Wunsch und Willen auch zu erzeugen. Diese Begabung ist die erste Bedingung echter Künstlerschaft.

Die erste, aber nicht die einzige! Um den Künstler herzustellen, ist eine zweite Gabe von Nöten: die Kraft, eine bestimmte Wirkung zu erzeugen; denn das ist Absicht und Wert eines Kunstwerkes. Er muß das Geheimnis besitzen, die Kraft der Suggestion (die schließlich jeder Mensch jedem Menschen gegenüber besitzt) von seiner Person abzulösen und seinem Werke als Mitgift zu geben: die Kraft, einem Leser, einem Beschauer, einem Hörer, kurz einem Empfangenden, ein bestimmtes Bild, eine bestimmte Stimmung aufzuzwingen. Der bildende Künstler, Maler oder Plastiker, der sein Werk in den Raum stellt, hat seinen Befähigungsnachweis abgelegt, sobald ein Empfangender durch sein Werk überhaupt in den magnetischen Rapport versetzt wurde; der Dichter und Musiker, der sein Werk in die Zeit stellt, nur dann, wenn der Rapport sich bis an's Ende erhält, sodaß der Empfangende — mit einem Seufzer, ganz wie der Hypnotisierte — erst dann erwacht, wenn das letzte Wort, der letzte Ton den Bann verklingend löst.

Noch sehr viel seltener, ganz selten, ist die Begabung, scharf reproduzierte Erinnerungsbilder auf ganz neuen, eigenen Bahnen zu verknüpfen, die Kraft der schöpferischen Phantasie. Diese Kraft findet sich bei vielen geistreichen Irrsinnigen. Ist sie aber mit der Gabe der dauernden Suggestion auf Andere verbunden, so ist sie das Kennzeichen einer der größten „Raritäten" in der Menschheit, der großen Künstlerschaft. Menschen von solcher Begabung nennt man künstlerische Genies.

Beide Eigenschaften sind Detlev von Liliencron in außerordentlichem Grade verliehen. Mithin ist der Anthropologe, dem die Aufgabe zugefallen ist, dieses seltene Exemplar zu „bestimmen", vollauf berechtigt, ihm seinen Platz im menschlichen System unter der Gattung „künstlerische Genies" zuzuweisen. Welcher von den Unter=

gattungen dieser Spezies er angehört, ist dann das Ziel der weiteren Untersuchung.

Liliencron's schöpferische Phantasie ist nun freilich nicht von jener höchsten Ordnung, wie sie ein Dante, ein Michel Angelo, ein Goethe besaßen, welche es verstanden, die einzelnen, klar erschauten und mit hypnotisierender Kraft dargestellten Bilder zu einem einzigen, ebenso suggestiv wirkenden Gesamt= Weltbilde zu vereinigen. Seine schöpferische Phantasie errichtet keine göttliche Komödie, keine Sixtinische Kapelle, keinen Faust: sie ist nicht architektonisch geschlossen, sondern eher malerisch zusammenreihend, aber als solche eines der vollkommensten Gewächse ihrer Ordnung. Es ist etwas von der Malerei der Böcklin und Thoma in seinen Dichtungen: nie Dagewesenes, nie Zukünftiges, und dennoch von jeher und auf immer Ewiges.

Wie in Böcklins Fabellandschaften die Bäume natürlicher rauschen, das Wasser natürlicher naß ist, die Wesen, selbst Triton und Seeschlange, sich natürlicher bewegen, als auf den photographisch getreuen „Naturausschnitten" unserer besseren Landschafter, Seemaler und Porträtisten, ebenso ist auch bei Liliencron das Einzelne auf das genaueste gesehen und festge= halten, so seltsam seine Phantasie die photographischen Er= innerungsbilder auch verknüpft. Eine der hierfür bezeich= nendsten Stellen aus seinem Poggfred=Epos ist die Darstellung eines Schloßtürmchens (im ersten „Cantus") mit ihrem Inein= ander von wirklichen und träumerischen Ausblicken. Sie sei hier mitgeteilt:

Von einem Seitentürmchen seh' im Kreise
Ich meine Haide, meine Wälder liegen.
Aus meinem Garten tönt die alte Weise,
Wenn Wind und Wetter meine Bäume biegen.
Mein Herd empfängt mich wie nach lästiger Reise,
Die wilden Wolken laß ich weiterfliegen.
   Willkommen, Einsamkeit, du vornehm Land,
   Wie sind mir deine Sterne wohlbekannt!

Und all die lieben Plätze rings umher
In Knick und Torfbruch, Brache, Teich und Moor!
Die Nacht verflüchtigt sich; und Lucifer,
Der letzte Stern, verbleicht im Morgenthor.
Die Sonne trennt sich aus dem fernsten Meer,
Ein Reiher hebt sich schwer aus Schilf und Rohr
   Und schüttelt sich aus Flaum und Flunk den Tau,
   Der Tag ist da und zeigt ein mürrisch Grau.

Von jenem Turm aus sah ich diese Nacht
Die Erde, ja, die ganze Erde brennen.
Ein einziges Flammenchaos war entfacht,
Ich konnte Einzelheiten nicht erkennen.
Tief aus der wundervollen Feuerpracht
Erscholl ein Jammern, Fluchen, Schreien, Rennen.
   Die letzte Riesenlohe schoß herauf,
   Dann stürzten Tod und Leben wüst zu Hauf.

Und aus der Stille, aus dem Aschenkrug,
Als Qualm und Schuttstaub sich verzogen hatten,
Erschien ein Engel, dessen Rechte trug
Hochhaltend eine Fackel durch die Schatten,
Er nahm zum Himmel seinen graden Flug,
Als wollt' er dort den Thatbericht erstatten.
   Ich sah ihn fliegen, schweben, höher steigen,
   Um sich vor Gottes Antlitz zu verneigen.

Und Gott trat vor aus einer Ätherlücke,
Rechts vor ihm Christus, links saß Jupiter.
Und hinter ihm, auf einer rosigen Brücke,
Stand ungezählt der Heiligen frommes Heer.
Der Engel naht in hocherglühtem Glücke
Und überreicht den Rest der Erdenmär.
   Der Allerhalter beugt sich lächelnd nieder
   Und nimmt die Fackel, und verschwindet wieder.

Das Türmchen hab' ich selber aufgesetzt,
Es dient als Schmuck dem Häuschen und als Warte.
Bin ich in Poggfred, flattert windzerfetzt
Vom Söller trotzig meine Hausstandarte.
Wie hat es heimlich oft mein Herz ergetzt,
Wenn hin und her die Flaggenstange knarrte.
   Zuweilen murrt ein Donnern, fern und dumpf:
   Mein Nordsee-Küstenstrich kartaunt Triumph.

O Nordsee, Nordsee, o du Bild der Kraft!
Wie steht die Brandung an Norwegens Klippen!
Vom Raubzug kam der Witing bärenhaft,
Die Robbenjacke panzert ihm die Rippen.
Wen bringt er mit in die Gefangenschaft?
Wen landet er? es scheinen noble Sippen.
   Prinzessinnen von Südsiciliens Thron
   Und einen jungen griechischen Königssohn.

Dort, wo der Fels weithin sich stieß ins Meer,
Steht ein Altar mit schwarzer Marmorplatte.
Die Platte glänzt, die Luft ist wolkenleer;
Viel gelbe, rote Rosen trägt der glatte,
Geschliffne Stein, sie spiegelnd voll Begehr,
Als fühlt' er seine Fracht, die farbensatte.
   Der Weihrauch steigt aus Becken rechts und links,
   Stümprig tönt die gestohlene Syrinx.

Geräte, Waffen, Purpur, Schmuck und Gold
Sind vor des Altars Stufen hingetragen.
Die Beute ist's. Der listige Würfel rollt.
Gierige Blicke. Jubel. Mißbehagen.
Jetzt um die Weiber! Die fällt mir zum Sold,
Ich hab drei Dutzend Männer drum erschlagen!
   Nein mir! Und enggedrängt, ein Rudel Rehe,
   Erwarten sie des Schicksals süßes Wehe.

Nun bleibt der zarte Griechenknabe noch,
Sein schwarzes Auge düstert in die Menge:
Zu wem muß er, der Fürst, ins Sklavenjoch?
Da reckt sich einer edel im Gedränge:
„Dem Häuptling, mir allein gehört er doch!"
Und wendet sich zu ihm mit milder Strenge:
„Zwei Königssöhne, komm! ich blond, du dunkel,
Zwei Sterne stehen wir im Kampfgefunkel.

Auf einem Drachen, sei mein Freund, zusammen
Besitzen wir die Welt zu Ohdins Ehre!
Zwei Jarle sind wir, die von Göttern stammen!
Den einen schützt des andern Schlachtenwehre!
Zusammen wollen wir den Orlog rammen!
Zusammen pflücken wir die Siegesbeere!"
Ein tausendstimmig Skaal brüllt durch die Ruder,
Es blitzt der Humpen für den neuen Bruder.

So steh' ich oft in Träumen auf den Deichen;
Wie hab' ichs oft in Wirklichkeit gethan!
Und angenagte, angeschwemmte Leichen
Seh' ich, und manchen umgeschlagnen Kahn.
Und Trümmer, mörderische Schiffbruchzeichen,
Tanzen auf Wellenbergen im Orkan.
Der Regen stürzt, die Nacht fällt wie ein Tuch,
Der Sturm erstickt sogar Poseidons Fluch.

Doch was die Flut gebracht, die Ebbe nimmt
Und führt es wieder weg und sinkt und strebt.
Wie still es wird! Auf Wattenprielen schimmt
Der Austernbleb; die Wimmermöve schwebt.
Der Seehund wärmt sich, und das Meerweib stimmt
So süßen Sang an, daß mein Herz erbebt.
  Ein weißes Wölkchen kriecht, hoch, hoch, im Blauen;
  Ich kenne dich: du schwillst zu neuem Grauen.

Und wieder kommt die Flut. Erst rillt sie an,
In langen Strichen perlt sie, und bedeckt,
Im Anfang langsam, bald den leeren Plan,
Bis sie das altgewohnte Ufer leckt.
Sie steigt und steigt zu ihrer höchsten Bahn,
Hat alles Leben wieder aufgeweckt.
  Und Welle wächst aus Welle und zerfließt,
  Und bäumt von neuem hoch und drängt und gießt.

* * *

  Die zweite Eigenschaft des künstlerischen Genies, die Fähigkeit der dauernd suggestiven Einwirkung auf Andere, ist ihm ebenfalls in höchster Kraft geschenkt.

  Alle künstlerische Wirkung beruht auf Suggestion; verschieden ist nur die Art, wie sie ausgeübt wird. Der bildende Künstler wirkt mit Farbe und Gestalt durch Ver=

mittelung des Auges. Der Musiker mit Tonfolgen durch Vermittelung des Ohres. Der Dichter mit konventionellen Lautfolgen, Worten von einer bestimmten Bedeutung, gleichfalls durch Vermittelung des Ohres: seine Suggestion ist eine Verbalsuggestion.

Damit nun der „magnetische Rapport" zwischen Künstler und Empfänger eintrete und ununterbrochen bestehen bleibe, ist zweierlei erforderlich: Der Künstler muß die Fähigkeit besitzen, die charakteristischen Elemente einer Stimmung, eines Erlebnisses herauszufühlen. Und zweitens: er muß die technischen Mittel beherrschen, das Gefühlte auch aus sich herauszustellen. Das erste könnte man als die innere, das letzte als die äußere Form des Kunstwerks betrachten.

Liliencron's äußere Form ist stets meisterhaft. Es giebt für ihn keine Schwierigkeit. Er führt den feinen Stoßdegen der Ritornelle und Sizilianen, der Ottave Rime und Sonette mit derselben Fechtkunst, wie den wuchtigen Flamberg des Blankverses und die Eschenkeule des Knittelreims. Seine Kunst hat jene höchste Staffel erreicht, wo der Meister auf jede Glätte, jede „Eleganz" verzichten darf. Sie fließt nicht, wie glänzende Conrad=Ferdinand=Meyer=Verse als sauber filtriertes Wasser spiegelnd durch einen graden Kanal, dessen Wände und Boden aus poliertem Marmor gefugt sind: sie stürzt sich wie ein Wildbach die Thalsteile hinab und schäumt lustig an einem Felsblock auf — wenn einer da liegt. Wer Liliencron's Knittelreime liest, ohne seine

„Kunstdichtungen" zu kennen, und wer nicht ein sehr scharfes Ohr hat für die innere Sprache eines Kunstwerkes, ein sehr scharfes Auge für seine innere Form, die zuweilen die äußere Form durchbrechen muß, der könnte manchmal leicht dazu verleitet werden, Liliencron für schlubrig in der Form zu halten.

Diese äußere Form seiner Gedichte ist das Werk des streng geschulten, erfahrenen Technikers Liliencron. Mit seiner schwer erarbeiteten Kenntnis der handwerksmäßigen Kunstgriffe wählt er mit gutem Bedacht aus seinem Material, der Deutschen Sprache, das präciseste Wort und feilt so lange an dem Produkt herum, bis es aussieht, als sei nie Arbeit daran gewendet worden, als sei es mühelos geboren.

Aber diese Vollkommenheit der äußeren Form ist lediglich die Vollendung des fast schon fertigen Werkes, eine Überarbeitung nach technischen Gesetzen, wie sie jeder reife Künstler übt, die Ausgestaltung einer Skizze zum Bilde. Was seine Kunstwerke als große Dichtwerke (im eigentlichen Sinne) erscheinen läßt, ist nicht die Präzision, sondern die Prägnanz seines Ausdrucks. Er wählt die Worte so, stellt sie so in Verbindung, daß sie prägnant sind, d. h. schwanger, trächtig von Nebenbeziehungen: es tritt auf diese Weise nicht bloß die Vorstellung des einen Wortes jeweils in das helle Licht der Aufmerksamkeit des Empfangenden, sondern es tritt — wie Goethe sagt — die ganze „Gedankenfabrik" in Aktion, wo „ein Tritt tausend Fäden regt, die Schifflein herüber, hinüber schießen, die Fäden ungesehen fließen, ein Schlag tausend Verbindungen schlägt."

In der psychologischen Terminologie müßte man das folgendermaßen ausdrücken: Sein Ausdruck besitzt die Kraft, ganz bestimmte Associationen auszulösen und andere, störende Associationen auszuschalten. Das ist das Geheimnis der suggestiven Kraft des dichterischen Genius.

Wo die Sprache den „prägnanten" Ausdruck für das, was er grabe sagen will, nicht besitzt, da bildet er ihn sich neu mit der naiven Sicherheit eines Volkes, das seine Sprache erst erfindet. Das heißt also nicht, daß er tote Worte zu scheinbarem Leben galvanisiert, wie mancher rotgebundene Weihnachts-Poet, Worte, die vielleicht vor 800 Jahren ehrwürdige Minnesänger brauchen durften, von den Mägdulein und holden Maiden bis zur Govenanz. Er hascht auch nicht krampfhaft nach unerhörten Gewaltworten, wie manch ein grimmiger Literarhistoriker. Er bereichert die Sprache und erweitert ihre Grenzen. Ich gebe ein Beispiel aus vielen für die Kraft und Anmut seiner „onomatopoetischen" Neuschöpfungen, zugleich für die stimmungsvolle Prägnanz seines sinnbildlichen Ausdrucks.

Ich bin im Wald an meiner Lieblingsstelle:
Durch eine Wiese, die von jungen Eichen
Umstanden ist, klungklingklangt eine Quelle.
Die Stille fuhr dem Weltlärm in die Speichen,

Hier ist des Paradieses Geisterschwelle,
Wo Engel sich die kühlen Hände reichen.
Ein Bienchen, ob der wählerische Rüssel,
Schwankt zwischen Teufelsmilch und Himmelsschlüssel.

Dann z. B. bildet er aus Eigenschaftswörtern Hauptwörter. Er spricht von einem Typus der von ihm bestgehaßten Menschenklasse, einem „teutschen Tichter" vom Orden der Klingelreimer:

„Der Eine war ein Süßling, lang und schmal" und später:

„Der Längling tritt hervor, die Hand im „Busen"".
Ein Kommentar zu diesen spöttischen Neubildungen ist überflüssig. Sie sind neu, sie sind prägnant und präzis, und — was die Hauptsache ist — sie sind deutsch!

Dann wieder macht er aus einem verbum intransitivum ein reflexivum:

„Ein Wasser schwatzt sich selig durchs Gelände."
De gustibus non est disputandum. Mancher mag dabei nichts finden können; für mich ist das köstlich wie ein Bad in dieser Seligkeit.

Besonders gern und oft bildet er aber aus Gegenstandswörtern Handlungswörter, genau wie der Urmensch und treffend wie der Urmensch. Dadurch belebt er den Gegenstand und schafft sich Worte, die von Beziehungen gradezu strotzen.

„Tigert er auf dich hinaus,
Tatz' ihn! wie die Katz die Maus."

Mit dem Worte „tigern" wird eine ganze Welt von assoziativen Vorstellungen ausgelöst: das hinterlistige Lauern, der gewaltige Sprung, die Schnelligkeit des Angriffs, die tödliche Gefahr. Und wie einzig wundervoll steht gegen den Trochäus „tigert" mit seinem scharfen, spitzen Vokal, seinem sprungartigen Rhythmus, der in ihm ausgedrückten Hast und Leidenschaft, die wuchtige, gedämpfte Silbe: tatz! Sie giebt schon dem Klange nach, noch mehr in der Verbindung mit dem Bilde, das sie erweckt, dem Bilde von der wachsam erhobenen Tatze, die fast lässig wie ein Hammer niederfällt, so prachtvoll den Begriff des mühelosen, übermächtigen, höhnischen Niederschlagens des Gegners, wie kein vorhandenes Schriftwort unsrer Sprache es gegeben hätte. Und dabei liegt gleichzeitig in dem „tz" am Ende etwas scharf aufreizendes, etwas wie: hetz, hetz! Um noch näher auf die dichterische Dynamik dieser zwei Zeilen einzugehen: dadurch, daß die zwei Neuworte die Zeilen einleiten, wird dem Hörer ohne weiteres der Stimmungsumschlag in der Situation aufgezwungen. So entsteht ein plötzlicher Gegensatz in der Stimmung auch des Lesers, und damit ist der psychologische Hebel gezogen, der die Stimmung der Heiterkeit, hier die beabsichtigte Empfindung der Schadenfreude, erweckt. — —

Es giebt eine Orchideenart, die nur durch Vermittelung von Käfern befruchtet wird. Ihre Samenpollen befinden sich an der Decke eines engen Kanals, der in ein stets mit Flüssigkeit erfülltes Bassin mündet. An der Decke des Bassins sind fruchtartige Fleischteile, an denen die Käfer gern nagen. Dabei fällt einmal einer in die Flüssigkeit, kann mit den nassen Flügeln nicht weiter fliegen, muß also durch den engen Kanal durchkriechen, wobei er den Pollen mit seinem Rücken abstreift. Kommt er damit auf eine weibliche Blüte, so vermittelt er die Befruchtung.

Der Naturforscher, der diesen geistreichen Mechanismus der Käferfalle studiert, wird ihn aufs höchste bewundern. Aber er wird niemals auf den Gedanken kommen, die Orchidee habe sich ihn mit Absicht und Überlegung eingerichtet. So darf auch der Forscher, der ein echtes Gedicht studiert, nie auf den Gedanken kommen, der Dichter habe den geistreichen Mechanismus dieser Menschenfalle mit Absicht und Überlegung eingerichtet.

Denn darüber muß man sich klar sein: bei jedem echten Dichter, so auch bei Liliencron, ist die Thätigkeit der Seele, die die reifen Kunstwerke hervorbringt, die jene Prägnanz des Ausdrucks schafft, die mit feinster Berechnung auf die Wirkung Licht und Schatten, piano und fortissimo so verteilt, daß der Rapport nie unterbrechen wird, ist diese Thätigkeit unbewußt. Der Anteil, welcher das Bewußtsein an dem Gedichte hat, ist lediglich die deutliche Zuspitzung der Prägnanz: die Präcision.

Im gewöhnlichen Sprachgebrauch ist das Unsinn. Eine

„Berechnung", eine „feine" Berechnung noch dazu, kann doch wohl nicht unbewußt sein, muß zum mindesten ins Bewußtsein empor getreten sein.

Sehr wohl! Aber die Sprache reicht nicht aus. Die Sprache, das Spiegelbild unseres hellen Bewußtseins, entbehrt der Ausdrücke für das, was in jenen unendlichen Tiefen des Seelenlebens vor sich geht, die unter dem hellen Bewußtsein liegen, wie die Abgründe des Ozeans unter der sonnenhellen Oberfläche. Hier laufen alle die automatischen Vorgänge der Seele ab; hier liegen die latenten Spannkräfte in Ruhe, gebändigt, die zuweilen in der Explosion der Leidenschaft erschütternd und erschreckend in das Tageslicht der Selbstbetrachtung emporbrechen.

Und die Kunst Liliencron's ist in ganz besonderem Grade eine solche Kunst des Unterbewußtseins. Er ist weniger Schöpfer als vielmehr Gebärer. Der Same, der in seine fruchtbare Seele gefallen ist, keimt, wächst, entfaltet sich zum vollendeten Wesen, zur eigenartigen Kraft und Schönheit einer seltenen Rasse, nicht gegen, aber ohne seinen Willen; er ist dabei grade so viel beteiligt, wie eine Mutter am Wachstum ihres Kindes. Daß die befruchtete Zelle ein Mensch wird, mit aller Vollkommenheit der leiblichen und seelischen Entwicklung der Rasse, was thut das Bewußtsein der Mutter dazu? Was kann es dagegen thun, wenn sich ab und zu auch eine Mißgeburt entwickelt? Kräfte, die ihrem Bewußtseinseinfluß entzogen sind, formen, gestalten es, bringen es ans Licht, automatisch, ihren eigenen Gesetzen folgend. Aber sie verrichten ihr Werk besser, weit besser, als es der bestberatene Wille je vermöchte: der Bauer zeugt einen Rubens, Famulus Wagner höchstens einen Homunculus.

Daß alle echten Poeten in dieser Weise „gebären", daß alles das, was wir als innere Form einer Dichtung bezeichnet haben, solcherart automatisch entsteht, ist uns seit den Zeiten der Griechen bis auf unseren Goethe hin so übereinstimmend durch das eigene Zeugnis der so Begabten überliefert, daß ein Zweifel daran nicht mehr gestattet ist.

Wenn Goethe berichtet, daß viele seiner besten Gedichte in einem Zustande der „Dumpfheit" niedergeschrieben wurden, der dem Nachtwandeln gleiche, so ist das buchstäblich zu nehmen. Es handelt sich hier thatsächlich um ein Beispiel der sogenannten Reflexbewegungen, derjenigen zweckmäßigen Bewegungen, die auf einen Reiz hin vor sich gehen, und zwar vermittelst eines Mechanismus, der im Unterbewußtsein liegt, also nicht über die Schwelle des hellen Bewußtseins tritt. Wie das Augenlid automatisch niederschlägt, wenn ein fremder Körper die Hornhaut zu berühren droht, sicherer, schneller, als es der bewußte Wille verrichten könnte, so schreiben die Muskeln der Hand eine Dichtung nieder, reflektorisch, sicherer, zweckmäßiger, als es der helle Wille vermöchte.

Daß sich die innere Form eines Kunstwerks auf diese

rätselhafte Weise einstellt, ist wohl vorläufig unerklärlich, aber es ist doch nur die Bestätigung einer ganz landläufigen Erfahrung. Jeder, dessen innerer — nicht äußerer — Beruf die Beschäftigung mit der Sprache in Rede oder Schrift ist, weiß, wenn ihm der Ausdruck einmal versagt, daß stets die Schuld nur daran liegt, daß ihm nicht ganz klar ist, was er eigentlich sagen will. Eine klare Vorstellung ist für den Ausdruck eine Rennbahn ohne Hindernis.

Das Außergewöhnliche an dichterischen Genies ist also nicht, daß ihr Ausdruck stets prägnant, sondern, daß ihre Vorstellung stets klar ist. Die hallucinatorische Wiederbelebung von Stimmungen, die innen erlebt, von Geschehnissen, die außen vorbeigezogen sind, die phantastische Vorstellung des nicht Erlebten ist bei ihnen so fabelhaft klar, daß ihnen ein Schwanken gar nicht kommt, wie das zu bezeichnen ist, was sie fühlen und sehen. Sie balanzieren, wie der Nachtwandler, auf dem schmalen Grate der prägnantesten Form und ahnen garnicht, daß zu beiden Seiten der Abgrund dilettantenhafter Verschwommenheit klafft. Bei ihnen ist es der Inhalt, der sich leimend und treibend seine Form schafft, seine Form, seine notwendige Erscheinungsform.

Auf diese Weise — „automatisch" — entstehen auch Liliencrons Gedichte. Und eben deshalb sind es keine Homunculi, sondern Wesen von Fleisch und Blut, echte lebige Organismen, nicht gemacht, nicht erdacht, sondern gewachsen, wie jedes echte Kunstwerk. Der Mann bringt Kunstwerke hervor, weil er selbst 'ein Kunstwerk der schaffenden Natur ist. Er hat das selbst in seinem Nachruf an Storm wundervoll ausgedrückt, zugleich jedoch andeutend, was der ordnende Geist dem natürlichen Drange hinzuthun muß:

> Du warst ein Dichter und du warst ein Künstler.
> Ein Dichter: wohl aus tausend Quellen rinnt es,
> Die unterirdisch laufen, rinnts ihm zu.
> Noch fand kein Mensch je, was den Dichter schuf.
>
> Wohl trifft es sich, daß laut und polternd wirft
> Ein herrlich Dichterherz mit rohem Gold
> Und kann es nimmer zwingen zum Gerät;
> Ihm fehlt die Künstlerhand, dir wurde sie.

* * *

Was auf die geschilderte Art, unterbewußt, von poetischen Werken entsteht, sind die Ur-Elemente der Dichtung: lyrisches Stimmungsgedicht, epische Ballade und die einzelne dramatische Scene. Alle beherrscht Liliencron als unbeschränkter Gebieter. Ich will zunächst einige lyrische Stichproben hersetzen. Sie können nur ein schwaches Bild von der Kraft, der Innerlichkeit, der Vielfältigkeit seiner Stimmungen geben; sie können kaum darauf Anspruch erheben, sein Bestes zu sein. Bei ihm ist fast alles „Bestes". Auch beschränkt sich

die Auswahl aus rein äußerlichen Gründen auf seine kurzen
Gedichte. Wer Liliencron kennen lernen will, und jeder
sollte ihn kennen lernen, der muß ihn eben — der Deutsche
verzeihe das harte Wort — le s e n.

Tiefe Sehnsucht.

Maienkätzchen, erster Gruß,
Ich breche dich und stecke dich
An meinen alten Hut.

Maienkätzchen, erster Gruß,
Einst brach ich dich und steckte dich
Der Liebsten an den Hut.

Die Musik kommt.

Klingling, bumbum und tschingbaba,
Zieht im Triumph der Perserschah?
Und um die Ecke brausend bricht's
Wie Tubaton des Weltgerichts,
Voran der Schellenträger.

Brumbrum, das große Bombardon,
Der Beckenschlag, das Helikon,
Die Piccolo, der Zinkenist,
Die Türkentrommel, der Flötist,
Und dann der Herre Hauptmann.

Der Hauptmann naht mit stolzem Sinn,
Die Schuppenketten unterm Kinn,
Die Schärpe schnürt den schlanken Leib,
Beim Zeus! das ist kein Zeitvertreib,
Und dann die Herren Leutnants.

Zwei Leutnants, rosenrot und braun,
Die Fahne schützen sie als Zaun,
Die Fahne kommt, den Hut nimm ab,
Der sind wir treu bis an das Grab!
Und dann die Grenadiere.

Der Grenadier im strammen Tritt,
In Schritt und Tritt und Tritt und Schritt,
Das stampft und dröhnt und klappt und klirrt,
Laternenglas und Fenster klirrt,
Und dann die kleinen Mädchen.

Die Mädchen alle, Kopf an Kopf,
Das Auge blau und blond der Zopf,
Aus Thür und Thor und Hof und Haus
Schaut Mine, Trine, Stine aus,
Vorbei ist die Musike.

Klingling, tschingtsching und Paukenkrach,
Noch aus der Ferne tönt es schwach,

Ganz leise bumbum bumbum tsching,
Zog da ein bunter Schmetterling,
Tschingtschlng, bum, um die Ecke?

Acherontisches Fröfteln.

Schon nascht der Staar die rote Vogelbeere,
Zum Erntekranze juchheiten die Geigen,
Und warte nur, bald nimmt der Herbst die Scheere
Und schneidet sich die Blätter von den Zweigen,
Dann ängstet in den Wäldern eine Leere,
Durch kahle Äste wird ein Fluß sich zeigen,
Der schläfrig an dein Ufer schickt die Fähre,
Die dich hinüberholt ins kalte Schweigen.

Kleine Ballade.

Hoch weht mein Busch, hell klirrt mein Schild
Im Wolkenbruch der Feindesklingen.
Die malen kein Madonnenbild
Und tönen nicht wie Harfensingen.

Und in den Staub der letzte Schelm,
Der mich vom Sattel wollte stechen!
Ich schlug ihm Feuer aus dem Helm
Und sah ihn tot zusammenbrechen.

Ihr wolltet stören meinen Herd?
Ich zeigte euch die Mannessehne.
Und lachend trockne ich mein Schwert
An meines Rosses schwarzer Mähne.

In dem letzten Gedicht geht die knappe Kunst der Stimmungsmalerei schon in die Geschehensmalerei der Ballade über. Liliencron ist einer von den wenigen Neueren, die die Begabung für die Ballade besitzen. Dazu gehört ein Mensch mit kräftigen Sinnen, der das Objekt zu subjektivieren weiß, während die größte Zahl selbst unserer begabtesten Dichter, entsprechend dem selbstzersetzenden Zuge unsrer Zeit, nur dafür begabt und darauf aus ist, die eigene Seele zu belauschen, und so ausschließlich Werke hervorbringt, die das Subjekt objektivieren: Stimmungslyrik.

Die Ballade ist bekanntlich in zwei Flußarmen auf uns gekommen, die vielleicht in unbekannter Ferne einer gemeinschaftlichen Quelle entstammen. Der eine ist das Heldenlied der Barden, der andre das Schelmenlied der fahrenden Sänger. Liliencron hat auf beiden Schifferrecht. Er trifft den ernsten Ton, das getragene wuchtige Pathos, so gut wie die Spielmannsweise.

„Rungholt ist reich und wird immer reicher." Die Rungholter werden übermütig, schaffen den lieben Gott ab und bieten der Nordsee, der „Mordsee", dem „blanken Hans" Hohn. Aber:

„Im Ocean, mitten, schläft bis zur Stunde
Ein Ungeheuer, tief auf dem Grunde.
Sein Haupt ruht dicht vor Englands Strand,
Die Schwanzfloſſe ſpielt bei Braſiliens Sand.
Es zieht, ſechs Stunden, den Atem nach innen,
Und treibt ihn, ſechs Stunden, wieder von hinnen.
Trutz, blanke Hans.

Doch einmal in jedem Jahrhundert entlaſſen
Die Kiemen gewaltige Waſſermaſſen.
Dann holt das Untier tiefer Atem ein,
Und peitſcht die Wellen und ſchläft wieder ein.
Viel tauſend Menſchen im Nordland ertrinken,
Viel reiche Länder und Städte verſinken.
Trutz, blanke Hans.

Und jetzt:
„Zieht leis aus dem Schlamm der Krake die Krallen"
— — —

„Und überall Friede, im Meer, in den Landen.
Plötzlich wie Ruf eines Raubtiers in Banden:
Das Scheuſal wälzte ſich, atmete tief,
Und ſchloß die Augen wieder und ſchlief.
Und rauſchende, ſchwarze, langmähnige Wogen
Kommen wie raſende Roſſe geflogen.
Trutz, blanke Hans.

Ein einziger Schrei — die Stadt ist versunken,
Und Hunderttausende sind ertrunken.
Wo gestern noch Lärm und lustiger Tisch,
Schwamm andern Tags der stumme Fisch.
Heut bin ich über Rungholt gefahren,
Die Stadt ging unter vor fünfhundert Jahren.
Trutz, blanke Hans?

Aber, wie gesagt, unser Dichter schreitet nicht nur feierlich den Reigen auf hohem Kothurn, er tanzt auch mal auf dem Soccus einen dörperlichen Schleifer.

„Das war der König Regnar,
Der lebte fromm und frei.
Er trug gepichte Hosen,
Wie seine Leichtmatrosen,
Die rochen nicht nach Rosen,
Das war ihm einerlei."

Was für seine Dichtungen in gebundener Rede gilt, gilt unumschränkt auch für seine Prosaschriften, soweit sie wieder Stimmungsgedicht, Ballade oder dramatische Einzelscene sind. Auch hier beschreibt er nie, er z e i g t : er zeigt gradezu mit dem Finger auf Gegenwärtiges, Sichtbares, mit einer zwingenden Kraft ohne Gleichen. Man glaubt, mit ihm auf einem günstig gelegenen Aussichtspunkte zu stehen und sieht und hört buchstäblich mit eignen Augen und Ohren, was sein Finger zeigt, sein Mund erzählt.

Diese Art der Darstellung bringt es mit sich, daß er auf dem Gegenständlichen lange verweilt, das Tatsächliche aber kurz, schnell, fast brutal mitteilt:

„Ich ritt durch den Wald... Vor dem Schlößchen liegt eine Sphinx in Löwengröße, sie ist sehr alt, zerbröckelt; ein Ohr fehlt ihr. Trotzdem brütet sie weiter. Der Weg zum Schlößchen ist dicker Sandweg. Ich reite und reite, Schritt vor Schritt. Einzelne Sonnenfunken fallen durchs Laub auf den Weg. Nun bin ich angekommen. Halt! An der einen Seite des Sphinxleibes steht ein junges, hübsches Bauernmädchen, auf der andern ein junger, hochgewachsener Knecht. Sie scheinen sich in ein Gespräch vertieft zu haben. Nun biegen sie sich über den Leib der Löwin zu einander — etwas unbequem allerdings — und küssen sich. Mir schien das Rätsel gelöst. Ich wandte still mein Pferd. Ein Kukuk rief....."

„... In der letzten Nacht wachte ich um zwei Uhr auf. Ein Vogel sang im Garten, wie ich es nie gehört hatte. Das war ein Singen im Traum. Ich öffnete leise mein Fenster. Noch lag die Dämmerung. Der Vogel sang weiter; aus einem Kastanienbaum, der seine Blätter schwer hängen ließ. Es war kein eigentlicher Gesang, kein leises Zwitschern; ein fortwährendes süßes, unschuldiges Kindergeplauder. Der Trieb zum Leben war noch nicht in dem schlaftrunkenen Vogel. Er träumte wirklich. Wie lange, lange hab ich ihm zugehört .... Endlich kam ein rascher Windstoß und fuhr wie ein Polizeidiener durch Busch und Baum, im Vorbeigehen rufend: circulez, messieurs, circulez! und gehorsam fingen die Blätter an sich zu bewegen. Mit meinem Vögelchen war's vorbei."

Wenn er es so erreicht hat, daß wir uns ganz vollgesogen haben mit der Stimmung der Landschaft, dann erst erscheint die Staffage, die Menschen; und wir sehen mit dem Herzklopfen des fernen, machtlosen Zuschauers in der Spanne weniger Pulsschläge das Drama ablaufen ... „Mit einem dumpfen, tierischen Schrei stürzte er auf sie zu, riß sie zu Boden — und erwürgte sie" ... Fertig.

Ganz wundervoll sind seine Balladen in Prosa, seine Schlachtenbilder, in denen er geradezu einzig dasteht, und die uns häufig zeigen, wie das Epische in das Dramatische übergeht. Wie da „das Objektive subjektiviert" ist, wie die Einzelgeschehnisse vorüberrasen, wie sie festgehalten, wie sie hingestellt werden in der knappsten Form und doch so, daß nie das Geschehene selbst, sondern der Eindruck des Geschehens auf den Menschen zum Ausdruck kommt, sobaß der lesende Mensch denselben Eindruck wiedererlebt, das ist schlechthin unübertrefflich, z. B. Kampf um die Kapelle:

„Grausig sieht's drinnen aus. Es wird gekämpft hier bis zum Äußersten, fast um jeden Stuhl. Ein österreichischer Infanterist hat im Todesschmerz die halb herabgeschleuderte

Madonna umfaßt. Er ist längst tot. Über und über sind er und das Muttergottesbild in Blut gebadet ... Vom Altar sind Decke und Gefäße heruntergerissen; sie rollen hin und her zwischen den Kämpfenden. Die Orgelpfeifen, der Erbarmer, die Fenster, Alles ist durchlöchert von den Kugeln ...

Einer meiner Rekruten vom vorigen Winter ist immer neben mir geblieben. Jetzt seh' ich ihn noch wo, wo ... Alles Rauch, Flammen, Schaum, Wut ... Da hör' ich durch all den Lärm seine gellende Stimme: Herr Leutnant, Herr Leutnant! ... Wo wo bist Du ... Mehrlens, Mehrlens, wo bist Du ... Einer umklammert meine linke Hand, fest, schraubenartig. Ich beuge mich zu ihm. Es ist mein kleiner Rekrut, der mich hält: Ein Schuß von der Seite hat ihm beide Augen fortgenommen. Aber schon lösen sich seine Hände. Die Finger lassen ab, werden starr, bleiben gekrümmt, und er sinkt in den Blutsee."

— — Ein Reiterkampf: „Dann gab's einen Krach — (zwei Lokomotiven in voller Fahrt brechen nicht so ineinander) und dann war's, als wenn sich tausend Ringel einer ungeheuren Schlange im Kreise drehten. Bald aber verhüllte der Staub alles ... He he ja, was denn ... was ist das ... Mein Gott, ja ... Ein einzelner, feindlicher Kürassier rast auf uns ein. Sein Geschrei ist Gebrüll ... Es ist der Antichrist ... Fünfzig, dreißig, zehn Schritt ... Bei uns ... Kein Gewehr gegen ihn von uns hebt sich.

Wir sind im Bann ... Jetzt — jetzt — die Nüstern seines Rappen sprühen Feuer ... Jetzt — und er haut mit einem Hieb, als holt' er aus den Sternen aus, zur Erde. Er hat einen Füselier aus der Mitte des ersten Gliedes getroffen; er hat ihm den Helm, den Kopf, den Hals bis auf den Wirbelknochen gespalten ... Nun erst erwachen wir. Zwanzig, dreißig Läufe heben sich, und Roß und Reiter stürzen, wie ein schlecht geratener Pudding, in sich zusammen."

* * *

Lyrisches Stimmungsbild, Ballade und einzelne dramatische Scene: das sind die Urelemente der Dichtung. Sie sind selbst in sich geschlossene Kunstwerke. Aber wie jedes höhere organische Wesen die Vereinigung vieler niederer organischer Wesen zu einem Ganzen ist, so setzt sich auch das Kunstwerk höchsten Ranges aus vielen solcher Urelemente zusammen, welche als Teile des größeren Ganzen vertausendfacht an Kraft und Schönheit gewinnen, was sie vielleicht an Selbstständigkeit verloren haben.

Um aber solche Kunstwerke zu erzeugen, dazu gehört ein Gleichgewicht die Veranlagung, das Liliencron nicht besitzt. Sein Unterbewußtsein ist tief und gebärkräftig genug, um das höchste zu schaffen; aber seine Weltwahrnehmung ist in vollkommener Weise nur nach der einen Seite hin ausgebildet, der Außenseite hin. Der Innenseite der

Welt entzieht sich meistens seiner gründlichen Erfassung, d. h. sein künstlerisches Bewußtsein ist begrenzt. Und das bestimmt denn dieser künstlerischen Persönlichkeit die Grenze überhaupt. Er ist groß und ganz, aber auf halbem Gebiete. Im lyrischen Stimmungsgedicht, in der Ballade, in der episch-dramatischen Skizze sind die starken Wurzeln seiner Kraft. Dort ist er Meister ersten Ranges. Was darüber hinausliegt, ist seinem Scepter nicht mehr unbedingt unterworfen.

Er ist ganz unzweifelhaft ein dichterisches Genie. Aber er gehört nicht zu der seltensten Spezies dieser seltenen Art, wie sie ein großes Kulturvolk in seinem tausendjährigen geschichtlichen Bestehen auf Wendepunkten der Entwickelung hervorbringt, zu den Cervantes, Shakespeare, Beethoven. Diese Giganten besaßen zu dem ozeantiefen, empfindungsmächtigen Unterbewußtsein noch die ungeheure Kraft des gedankenmächtigen Oberbewußtseins. Ihnen war der gewaltige Geist verliehen, dessen klarem Blicke die Verknüpfung der Ereignisse im Makrokosmos der Welt, wie im Mikrokosmos der fremden Seele offen liegt. Und ihnen war der leidenschaftliche Wille verliehen, der einem neuen Weltziele zutreibt.

Dieser gewaltige Geist, dieser leidenschaftliche Wille ist Liliencron nicht geschenkt. Er ist weder Philosoph noch Psycholog noch Politiker im edelsten Sinne. Er bejaht die Welt mit aller Naivetät. Ihm ist die Erscheinung auch die

Realität. Er sieht sie auftauchen, beobachtet sie und sieht sie verschwinden; er sieht die Empfindung in seinem Gehirn auftauchen, beobachtet sie und sieht sie verschwinden, ohne daß ihn jemals die heikle Frage nach der Verknüpfung der Erscheinungen untereinander, der Empfindungen untereinander, und der Erscheinungen mit den Empfindungen beunruhigt hätte.

Und darum erreichen seine größeren Werke nicht die volle Höhe der Meisterschaft, wie die kleineren.

Um im Epos (Roman) und Drama das Höchste zu leisten, dazu gehört eine Kraft der Komposition, die tausend reifste Einzelheiten zu einer großartigen Einheit zusammenschmiedet, zu einer Einheit, die nur entstehen kann als Spiegelbild der großartigen Einheit eines Weltbegriffs. Dazu gehört ferner die fortreißende Gewalt der ekstatischen Leidenschaft, die nur entstehen kann aus dem schmerzlich empfundenen Gegensatze einer klar vorgestellten Idealwelt zur wirklichen Welt.

Liliencron aber ist kein Philosoph. Er hat ein helles Weltbild, aber er hat nicht den scharfen Weltbegriff, nicht das leuchtende Weltziel. Und darum versagt demselben Künstler, der so meisterlich zu komponieren weiß, so lange er malt, seine Kunst der Komposition, sobald er den Anspruch erhebt, Architekt zu sein. Was ihm fehllos gelingt, so lange er seine Erlebnisse darstellt, mißlingt ihm, wenn es gilt, diese Elemente mit bewußter Kunst unter einen großen, alles beherrschenden Weltgedanken zu ordnen und so zusammenzuschweißen, daß niemand die Arbeit merkt. Die Natur, die diesen Organismus mit den wunderbarsten Kräften ausgestattet hat, hat ihm den einzigen, letzten Tropfen kaiserlichen Öles versagt, mit dem sie ihre tausendjährigen Herrscher salbt.

Man verstehe nicht falsch! Ein Roman von Liliencron, ein Drama von Liliencron steht noch immer viel zu hoch, um mit der Marktware auch nur verglichen zu werden. Und wie heftig auch in ihm die leidenschaftliche Sehnsucht brennt, die in den Geistern erhabenster Ordnung als Erhebung der Wirklichkeit zum Ideal hin auftritt, davon zeugt das folgende grandiose Phantasma in seinem sechsten Poggfred-Cantus:

„Wie still ist's hier in diesen finstern Klüften!
Hoch muß ich sein, vielleicht in Gottessphären,
Von unten tief dringt Grabgesang aus Grüften.

Und über mir schwebt über Land und Meeren
Ein Riesenvogel; dessen Flügel reichen
Von Pol zu Pol, gekrümmt wie Krebsesscheren.

Doch seiner Kraft und seines Schmuckes Zeichen
Sind an den Enden festgekeilt im Eise,
Er kann die Sonnenbahnen nicht erreichen.

Und darum sucht er gierig seine Speise
In unsern vollbesetzten Erdenthalen
Und weidet Menschen, Kinder bis zum Greise.

Er nagt im Wolkendunstkreis unsrer Qualen,
Die unaufhörlich aus den Gründen grausen,
Aus thränenüberströmten Opferschalen.

Es schwillt herauf zu mir ein dumpfes Sausen
Und Stampfen, wie von hunderten Geschwadern,
Die rasend durch den Morgennebel brausen.

Und Feuer, Qualm und Schreien, Zank und Hadern,
Das alles lähmte albschwer mir die Glieder,
Ein Strom von Gift durchströmte meine Adern.

Ich schloß die Augen, offen sind sie wieder,
Und wieder seh ich jenen Vogel schweben,
Doch schiel' ich nur, halboffen sind die Lider.

Und er erhob sich unter Wolkenbeben,
Gelöst ist jetzt sein Flügelpaar vom Eise,
Ach, könnt' ich mit ihm in sein Ätherleben!

Als er nun zog die ungeheuern Kreise,
Fand ich von ihm mich mit emporgetragen
Und rauschte mit ihm seine Weltenreise.

Ich sah die Sterne durcheinanderjagen,
Als ob im Himmel goldne Kugeln schnellen,
Wie Gaukler thun an Sommerjahrmarktstagen,

Auch wie in warmen Nächten durch die Wellen
Ein Nachen leuchtend furcht auf Funkenschwärmen,
Die rings das Boot durch ihren Glanz erhellen.

Mein Auge starb in überhellen Räumen.
Und da saß Mose, der Gesetzegründer,
Umzirkt von purpurblauen Wolkensäumen.

Titanenkräftig blickt der Gotteskünder,
Ein erster Heiland aus dem Menschenpfuhle,
Mit seinen Brauen bändigt er die Sünder.

Und jetzt: ein Nordlicht krönt das Himmelsthule:
Der Nazarener wars im Lichterscheinen —
Tief tauchte der Koloß von seinem Stuhle.

Unsagbar war die Milde, die bem Reinen
Das schöne, heimatstille Antlitz prägte,
Nach innen sah ich seine Schmerzen weinen.

Doch hinter ihm, als er sich fortbewegte,
Schritt grinsend, blutbespritzt der Menschenschnitter,
Deß roter Mantel scharf die Erde segte.

Am Firmament unzählige Gewitter,
Ein Feuermeer im ganzen Weltenkreise,
Dann sank die alte Nacht, ein bleiern Gitter."

Nur an dem größten gemessen, das die Welt hervorgebracht hat, erscheint dies Sinnbild sittlichen Aufschwungs nicht gehaltvoll genug. Jede Einzelheit trägt die Marke des Genies: die visionäre Lebendigkeit des überirdischen Daseins. Nur als Ganzes bewegt es nicht genug den Geist, der einen neuen Ausgleich zwischen Diesseits und Jenseits anstrebt: der „Rapport" tritt mehr dem äußern Bilde nach, als dem innern Sinn nach ein: nur auf Augenblicke ist das Sinnbild vollkommen: man fühlt, er hat es nicht bewußt genug durchdacht, er hat sich allzusehr vom Unbewußten bewältigen lassen.

Und so sind auch von seinen Erzählungen, trotz ihrer meisterhaft bedachten Außenform, nur die kurzen innerlich vollkommen geschlossen, die mit sauberen Pinselstrichen eine Stimmung festhalten, wie z. B. die feinen Kabinettstücke: Die vergessene Hortense, Die Mergelgrube, Der Narr — da ist er auch Prosaiker ersten Ranges. Was darüber hinaus liegt, ist zum mindesten ungleich. Man merkt ihm dann deutlich den Zwang an, den er sich auferlegen muß, um von einer Stimmungs- oder Bild-Valeur zur andern zu gelangen. Zwar beeilt er sich dabei so sehr er kann; wie ein fliegender Fisch schnellt er sich mit einem hastigen, schrägen Sprung in die heiße Luft hinauf, aber nur, um im nächsten Augenblick wieder selig in sein heimatliches Element zu schlüpfen. Diese Stellen gleichen Sandbänken in einem tiefen Strome. Hier wird der klare, charaktervolle, ausdrückliche Stil zuweilen gradezu fahrlässig, hier tritt an die Stelle der ganz rassereinen Liliencron'schen Sprache zuweilen ein reporterhaftes, unbeholfenes Notizbuchdeutsch: der beste Beweis dafür, daß seine Form nicht willkürlich im höchsten Sinne, sondern gewachsen ist, sich nur da einstellt, wo er künstlerisch gebiert. In seinem Roman „Breide Hummelsbüttel" und in verschiedenen seiner Dramen sind solche Sandbänke fast so häufig wie der klare Strom.

Und zweitens fehlt seinen Romanen und Dramen das große Pathos, das der Welt klagend ihr eigenes Spiegelbild und jubelnd das Idealbild vorhält. In diesem einen Punkte bleibt auch seine malerische Phantasie hinter der von Böcklin zurück. Er besitzt wohl im höchsten Maaße die Kraft, Bilder und Stimmungen zu suggerieren, aber nicht die größere Kraft, dem Hörer seinen ethischen Willen aufzuzwingen; denn er hat den großen ethischen Willen nicht. Zwar erscheint ihm oft genug die heilige Gestalt des Dulders von Nazareth in seinen Phantasieen, am ergreifendsten in der brutalen Golgatha-Vision im fünften Poggfred-Cantus. Aber immer faßt er sie nur als schmerzliches Sinnbild für den Sieg der blöden Wirklichkeit über das im menschlichen Genie verkörperte Ideal, ohne jenes über alle Welt erhabene Gefühl des machtbewußten Glaubens zu empfinden: „Hölle, wo ist nun dein Stachel! Tod, wo ist dein Sieg!"

Er ist kein Philosoph! — Die schmerzliche Kunst, wie Münchhausens Fuchs aus der angeborenen Haut zu fahren, wenn eine Lebenserfahrung ein Loch hineingemacht hat und eine gewaltige Theorie die Karbatsche schwingt, hat er nie zu üben versucht; seine Natur hat ihn nie dazu getrieben. Er steckt zu fest in seiner Haut. Als was er geboren ist, als alturadeliger Freiherr, in dessen Adern ein Tropfen frischen Bauernblutes kreist; als was er erzogen ist, als preußischer Offizier — das ist er geblieben und wird er wohl auch bleiben. Vierundfünfzig Jahre eines bewegten und ungewöhnlich harten Lebens haben ihn nicht geändert; sie haben das rauhe Vlies nur gestriegelt. Er ist freilich nie ein „Junker" gewesen, in dem dünkelhaft borniertem Sinne dieses Wortes; davor schützte ihn schon sein „volles Herz" und seine künstlerische Freude am Menschen. Aber über den Kavalier, den Weltmann, dessen Selbstbeherrschung und Menschenachtung mit dem ritterlichen Taktgefühl identisch sind, hat sich seine Weltanschauung nur soweit erhoben, daß sich aus dem Abligen ein Adelsmensch entwickelt hat: ein Mensch, dem nichts menschliches fremd geblieben, kein Abgrund und keine Sonnenhöhe der Seele; ein abliger Mensch, der in schlimmen Erfahrungen und Enttäuschungen, in Elend und Bitternis die frohe Kunst gelernt hat, den Andern alles mit Lächeln zu verzeihen, weil er die traurige Kunst hat lernen müssen, sich selbst sehr viel zu verzeihen.

Aber mit diesem: Tout comprendre c'est tout pardonner — war für ihn ein Wechsel in seiner grundsätzlichen Stellung zur Welt und ihrer Ordnung nicht notwendig verbunden. Er blieb der Standesmensch auch als Adelsmensch. Er drückt dem Revolutionär wohl die Hand, wenn er sonst ein Kerl oder Künstler ist. Aber er fordert ihn zum Kampfe auf Leben und Tod. So singt er Karl Henckell an:

> Was träumt' ich doch von dir, du Feuergeist?
> . . . .
> Wir beide stehn im Kampf uns gegenüber
> Auf einer Barrikade höchstem Punkt.
> . . . .
> Du rufst: Der Freiheit sterb' ich zum Ruhme!
> Ich rief: Mir schmückt den Helm die Königsblume!
> . . . .
> Wir prallten vor und trafen uns ins Herz.
> . . . .
> Doch eh das letzte Leben uns zerfloß,
> Verzweigten unsre Hände sich zum Frieden . . .

Das ist des Menschen Liliencron Stellung zum heutigen Leben. Er hat keinen Haß gegen die Gegner, aber er hat

Gegner; er ist kein Fanatiker einer Partei, aber er hat Partei genommen. Mitten zwischen der jungen Generation seiner Freunde, die als moderne Künstler wohl ohne Ausnahme Republikaner, Sozialisten, Anarchisten sind, steht er als konservativ Königlicher. Ihre Ideale sind nicht die seinen. Sein Mannesideal ist das des Rittertums: Schönheit, Kraft, Mut, „ruhte unt milte", Takt und offene Hand — und soweit er demokratisch fühlt, fühlt er wie ein Lanzknecht. Daß heute das Gehirn den Biceps endgiltig überwunden hat, daß das neuzeitliche Ideal nicht der beste Kämpfer, sondern der beste Denker, der feinste Empfinder ist: das Alles weiß der briefschreibende und plaudernde M e n s ch Liliencron so gut wie wir Alle. Aber der Dichter in Liliencron hat wenig davon vernommen.

Nur vor dem Piedestal Nietzsche's trifft er sich mit den Jungen. Das aber liegt nicht daran, daß er in diesem Punkte modern, sondern daß die Jungen in diesem Punkte unmodern sind. Die ästhetisch so herrliche Lehre Nietzsche's ist, rein historisch-philosophisch betrachtet, nur der Versuch, aus der schwülen finsteren Sackgasse unserer herrschenden Verhältnisse durch eine Konzentration nach rückwärts herauszukommen, statt nach vorwärts die Bresche zu schlagen. Wenn nun die „Modernen", die diesen Rückzug antreten, bei dem Gewaltsindividuum, dem „Übermenschen", ankommen, treffen sie dort natürlich mit Liliencron zusammen, der niemals weiter gegangen war, als bis zu dieser letzten, schärfsten

Prägung der (nach Meinung der Jungen) jetzt absterbenden „Ordnung der bestehenden Verhältnisse."

Daß diese Ordnung abstirbt, daß unter ihr eine neue Ordnung schon da ist, die wachsend die alte heraushebt, wie der bleibende Zahn den Milchzahn: das glaubt der Bohemien Liliencron mit seiner Umgebung. Daß die alte Ordnung dem Wesen nach unerschütterlich, ewig gegründet, daß eine neue Welt ein Ding der Unmöglichkeit ist: das zu glauben ist dem Freiherrn und Hauptmann der Landwehr Liliencron Naturnotwendigkeit, wie das Atmen.

Ein Mann gleich tiefer, aber logisch höherer Begabung würde solchen Widerspruch in sich nicht dulden. Seine Gedanken würden nicht rasten, ehe nicht die einen die andern besiegt hätten, ehe nicht die Einheit der Weltvorstellung erreicht wäre. Und aus dem Siege würde ihm als Siegespreis eine neue Aufgabe erwachsen, das unwiderstehliche Bedürfnis, die umgebende Welt der neuen Erkenntnis entsprechend umzuformen; oder, bei beschaulicheren Naturen, wenigstens eine neue persönliche Ethik.

Liliencron aber, dem die philosophische Ader fehlt, hat kein Bedürfnis, den Widerspruch auszugleichen, weil er ihn garnicht als Widerspruch empfindet. Er beobachtet Menschen, die Hüh schreien, und andere Menschen, die Hott schreien. Er sieht bestehende Einrichtungen, die ihm gut, und andre, die ihm schlecht erscheinen. Er hört Gedanken, die ihm himmlisch, und andere, die ihm teuflisch erscheinen: Er „be-

jaht" Alles, weil es eben da ist, weil es seiend ist, ohne
zu fragen, wie es sich zusammen in ein System ordnen
ließe. Drum erwächst ihm weder eine neue persönliche Ethik,
noch die daraus folgende höchste poetische Kraft, die Kraft
der Suggestion zum Willen in die Zukunft.

Wie jeder echte Künstler blickt er weder mit dem Auge
des Weltlobers noch mit dem des Weltlästerers auf das
Getriebe der Menschen, aber auch nicht mit dem der großen
Liebe oder des heiligen Zornes, sondern mit dem Auge des
vergnügten Zuschauers, der von seiner Loge aus, halb be-
lustigt halb gerührt, in den Saal hinunter blickt, wo tausend
Exemplare des homo sapiens sich in tollen Masken tummeln:
als Künstler und Banausen, als „Ausbeuter" und „Proletarier",
als Pegasus und Zugstier, als Semit und Antisemit, als
Royalist und Revolutionär. Was die Maske darstellt, er-
regt in ihm keine Triebe, weder sympathische, noch antipathische;
wenn die Masken nur echt sind und das Fleisch und Bein,
das drinnsteckt, nicht aus der Rolle fällt. Steigt er selbst
hinab, so wird er die Rüstung anlegen und den roten Adler
als Schildzeichen wählen, oder den grauen Sperber, weil
ihm das Symbole seiner Liebhabereien sind; aber er wird
selten vergessen, selbst der Maske mit dem Bombentopf
gegenüber nicht vergessen, daß er im Grunde auch nur
Mummenschanz treibt, daß alles ein großer Unsinn ist.

„Die Welt ist der Berg des Kummers,
Die Welt ist das Wasser der Flüssigkeit,
Die Welt ist die Luft des Unsinns" —

Das ist sein schmerzlichstes Bekenntnis. Als bitterernste Wahrheit legt er es der Maske „Betrunken" in den Mund; drei Jahre hat er sich mit diesem Gedicht („Ich sitze zwischen Mine und Stine") herumgetragen, eh es ihm zur Niederschrift reif erschien.

Wie wunderlich verschieden das gleiche Weltgefühl sich ausgestaltet, je nachdem es in einem lediglich poetischen Kopfe zum Weltbilde oder in einem lediglich philosophischen zum Weltbegriffe wird, das erkennt man, wenn man Liliencron mit dem einzigen großen Philosophen vergleicht, der mit gleicher Grundstimmung der Welt gegenüberstand: mit Benedikt Spinoza.

Als Spinoza dahinter gekommen war, daß der Mensch eine Eintagsfliege, und all sein Summen und Flitzen, sein Lieben und Kämpfen, sein Zeugen und Sterben garnicht der Rede wert, daß nur die ganze Rasse ein Ding sei, würdig philosopischer Betrachtung, da erklärte er: die Einzelerscheinung, das Individuum, der „Modus" sei nichts weiter als eine Kräuselwelle, die der Wind für einen kurzen Augenblick auf der Oberfläche des ewigen Ozeans der „Substanz" erstehen lasse, und die sofort wieder versinke. Fortan inter=

essierte ihn nur noch der Ozean; die flüchtigen Wellchen ließ er aus dem Spiele.

Liliencron fühlt die Flüchtigkeit der Individualität mit ganz derselben Sicherheit.

„Der Eintagsfliege Auf- und Niederschweben,
Das nennt der Mensch „Schicksal" und thut sich groß."

Er hat in wunderbaren acht Zeilen die Vergänglichkeit der Kreatur im Gegensatz zur ewig unvergänglichen Natur unübertrefflich dargestellt:

Schwalbensiciliane.
Zwei Mutterarme, die das Kindchen wiegen,
Es jagt die Schwalbe weglang auf und nieder.
Maitage, trautes Aneinanderschmiegen,
Es jagt die Schwalbe weglang auf und nieder.
Des Mannes Kampf: Sieg oder Unterliegen,
Es jagt die Schwalbe weglang auf und nieder.
Ein Sarg, auf den drei Handvoll Erde fliegen,
Es jagt die Schwalbe weglang auf und nieder.

Er hat auch die Empfindung von der Gewalt und Größe dessen, was Spinoza Substanz nennt:

Ich richte mich empor und ratlos fragt
Mein Blick die unbegrenzte Wasserbahn,
Die unter wolkenloser Bläue glitzert.

> Kein Segel, keine Schwinge — Alles leer;
> In ihrer Urkraft droht mir die Natur.

Aber er läßt, grade umgekehrt, meist die Substanz aus dem Spiele und freut sich an den „Modi". Er beobachtet entzückt die silbernen und siebenfarbigen Lichter, die da die Sonnenstrahlen aus den kleinen Wellen sprühen lassen, und richtet seinen Momentapparat gern auf den Dampfstrahl eines Walfisches oder die Sprünge eines Seehunds.

Aber für Spinoza und Liliencron springt aus der gleichen Grundstimmung der Seele die gleiche praktische Lebensanschauung: sie sind Beide Quietisten. Sie geben Beide Gott, was Gottes ist, und dem Kaiser, was des Kaisers ist, und Beide thun dies mit der gleichen Reservatio mentalis einer kleinen Gedanken=Contrebande. Nur wird aus dem milden Lächeln, mit dem der Philosoph über das bunte Schauspiel schnell verzuckender Leidenschäftchen wegsieht, bei Liliencron ein herzhaftes Lachen, mit dem er es aufmerksam anguckt, zuweilen ein sehr bitteres nnd wohl gar wütendes Lachen, aber immer ein Lachen. Hätte Liliencron das, was Spinoza hatte: zu seinem Weltbilde jenen Weltbegriff: so wäre er — Goethe, der ja auch beim großen Baruch=Benedikt gern in die Schule ging. Und weil Liliencron dieses Ingrediens fehlt, ist der Ausdruck, den sein bester Freund für ihn geprägt hat, weiser als er ausschaut: Bauern=Goethe.

Nur aus einer einzigen Ursache vergeht ihm das Lachen,

dann aber gründlich. Und diese Ursache ist wundervoll charakteristisch. Spinoza schliff seine Brillen und hustete seine Tuberkelbacillen aus, ohne dabei bittere Empfindungen zu haben. Er war sich selber als Modus, als flüchtige Erscheinungsform des Ewigen, genau so gleichgiltig, wie jeder andere Modus ihm gleichgiltig war.

Für Liliencron ist ganz im Gegenteil die eigene Erscheinungsform die höchste Realität, ein Ding von natürlichster Wichtigkeit. Und darum hat er die allerbittersten Empfindungen, wenn ihm einmal wieder zum Bewußtsein kommt — und das geschieht leider öfter, als es mit der Ehre eines „Volkes der Denker und Dichter" vereinbart ist — daß die elenden Handwerker der Feder, die Sudler und Reimer, die Süßlinge und Possenfabrikanten im Kompagniegeschäft, die „Lustspieldichter" und Coupletschmiede, die verschämten Lüstlinge und frechen Zotisten, die ihre Muse für Geld feil halten, im Golde schwimmen: während er, der Dichter schlechtweg, der kein Gewerbetreibender der Litteratur ist, im chronischen — wahrhaftig, hier paßt nur ein akademisches Kraftwort, also sit venia verbo — chronischen Dalles sitzen muß. Das verdirbt ihm sogar die Weihnachtsstimmung (Poggfred, achter Cantus):

„Ich hatte weit das Völkchen holen lassen,
Aus Tagelöhnerkaten, Haidehütten,
Die scheuen Kleinen aus den dürftigen Klassen,

Der Waschfrau kränklich Kind von dunstigen Bütten:
Sie alle soll die Liebe heut umfassen,
Sie alle soll die Fülle heut umschütten.
 Ich selber nahm aus dem befangnen Schwarm
 Ein lütt Zigeunermädel auf den Arm.

Halbjährig ist das Wurm, sie trappelt, trampelt,
Die braunen Händchen zittern, langen, greifen,
Sie macht ein Karpfenmäulchen, strappelt, strampelt;
Und wie erstaunt die schwarzen Augen schweifen,
Heb ich sie lichterhoch! Und wie sie ampelt!
Ho, jemine, kann schon ihr Finger knelfen!
 Sie kreischt vor Lust, das war ihr erstes Juchzen;
 Du, Dirnlein, käm dir später nie das Schluchzen!

Ach, schenken, schenken, könnt' ich immer schenken!
Und lindern, wo die Not, die Armut haust!
Und braucht' ich nie mein Geld erst zu bedenken,
Wo ein Verzweifelter den Bart sich zaust!
Und könnt' ich alle Krämerhälse henken:
Pfeffer in euren Schlund! und meine Faust!
 Könnt' allen ich ein Tannenreis entzünden:
 Seid froh, vergeßt auf ewig eure Sünden!"

Das ist das Leid, an dem er krankt, die Geldnot nach seinem eigenen Geständnis das furchtbarste Gespenst seiner vierten Dimension; das ist sein Haß und seine Verachtung. Er schlägt nach dem Gesindel und seinem Brotgeber, dem „großen" Publikum der Familienblätter, mit allen Waffen, die ihm zur Hand sind. Selbst auf seinem Himmelsfluge in Gesellschaft des „Sternbriefboten" (Poggfred, neunter Cantus) macht er diesem seinem Ingrimm Luft:

„Schon sind wir dort, wo andere Geister wohnen:
Bei denen, die auf Erden untergingen,
Die ständig kämpfen mußten mit Dämonen.

Die endlich stürzten mit gebrochenen Schwingen
Und mit zerschossner Stirne unterlagen,
Weil sie nicht durch den Pöbel konnten bringen.

Euch lieb' ich! und ich kenne eure Klagen!
Das Viehzeug konnte niemals euch verstehn,
Von feigen Heuchlern wurdet ihr erschlagen.

Lebt wohl! Vergeßt! Ihr wart ja Gotteslehn!
Hier seid ihr los von euren Folterbütteln,
Könnt unentweiht die große Flamme sehn.

Was konntet ihr sie denn nicht von euch schütteln,
Die Froschgesellschaft, diese Kunstvandalen!
Sie totschlagen mit guten Heckenknütteln!"

Noch lieber aber als in solchen Allgemeinheiten entlädt sich sein empörtes Selbstgefühl über gewisse Leute, die dem Dichter pharisäisch ins Privatleben schnüffeln. So lange das mit der Pritsche geschieht, ist es ein erbauliches Schauspiel; demütigend aber und peinlich ist es, wenn wir zuweilen sehen müssen, daß ein Ajax mit dem Schlachtschwert Hämmel erschlägt.

Das ist z. B. der Fall wenn er sich mit zwei „hochmütigen Bakelschwingern," Professor Emil Wolff in Schleswig und dessen Freund Alfred Biese „auch Rutenschwenker am Gymnasium," herumschlägt. Es thut einem weh, daß der Adler solche Zaunkönige mit zum Himmel seiner Unsterblichkeit emporträgt. Beinah ein Dutzend Stanzen für Herrn Wolff, und dann ein ganzer Terzinen-Apparat, und schließlich nochmals Stanzen für die Herren Wolff und Biese: c'est trop!

„Hochmütiger Bakelschwinger, kannst du nie,
Auch im Genuß nicht, den Präzeptor lassen?
Legst du die ganze Welt denn übers Knie,
Willst du den Herrgott selbst in Regeln fassen?
Laß andern doch ihr armes Tirili
Und bleibe hübsch in deinen Schulstaubklassen!
Zum ersten Mal, durch dein Geschwätz, verlor
Beinah ich, hols der Satan, den Humor."

Das ist aber auch die einzige Veranlassung, durch die er ernstlich außer sich gerät und über Welt und Leben mit Zweckbegriffen herfällt. In jedem andern Falle erwächst ihm aus neuen Erfahrungen, aus der Berührung mit fremden Gedanken, nicht ein neues System wie dem Philosophen, nicht eine neue Aufgabe wie dem Politiker im edelsten Sinne: sondern, weil er als Dichter lediglich Künstler und nichts weiter ist, ein neues Bild.

Diese Bilder sind mit der gleichen Schärfe des inneren Auges gesehen, wie seine ureigenen Erlebnisse und Stimmungen. Sie unterscheiden sich von diesen nicht durch ihre Form, nur sozusagen durch ihre unbewußte Tendenz. Und diese gleiche Höhe der künstlerischen Ausgestaltung bei stets wechselndem Inhalt giebt den Erzeugnissen seiner spielenden Kunst einen immer erneuten Reiz, die in einer ganz lose scheinenden Verknüpfung von Einfällen und Stimmungen, von Erzählungen und Anekdoten, von Urteilen und Ansichten über Kunst, Staat, Menschheit, Welt und die umliegenden Ortschaften bestehen. Dies sind seine in Tagebuchform gehaltenen Prosaschriften, z. B. „Der Mäcen," und vor allem das köstliche — wie er selbst sagt „kunterbunte" — Poggfred-Epos.

Da legt sich Liliencron, wenn er gut Mittag gegessen und seine Flasche guten Wein getrunken hat, oder auch wenn er sich vorphantasiert hat, das gethan zu haben, auf einen bequemen Divan oder lieber in's hohe Haidegras, steckt sich eine echte Havannah an, oder suggeriert sich eine Dreipfennig=Zigarre für eine Henry Clay, und während er dem duftenden Räuchlein nachsieht, läßt er sich von seinen Gedanken Vortrag halten. Die erzählen ihm allerlei, Gewesenes und Zukünftiges, Hoffnungen und Pläne, lügen ihm die schönsten Dinge vor und unterhalten ihn aufs Beste. Daß sie dabei die tollsten Quersprünge machen, vom Hundertsten ins Tausendste kommen und das Blaue vom Himmel herunter luftschlössern, das ist eine Eigentümlichkeit spielender Gedanken im allgemeinen, und ganz besonders derer in einem an Wundern so reichen Dichterschädel.

Was dabei herauskommt, ist herrlich, natürlich in den Grenzen, die Liliencron gesteckt sind. Und gerade hier, wo es gar nicht beabsichtigt ist, kommt aus den tausend Einzelheiten eine Einheit heraus.

Diese Einheit in Poggfred ist sein „Held". Er sagt zwar selbst:

„Dies ist ein Epos mit und ohne Held,
Ihr könnts von vorne lesen und von hinten,
Auch aus der Mitte, wenn es euch gefällt.
Ja, wo ihr wollt, ich mache nirgends Finten,
Klaubt euch ein Verslein aus der Strophenwelt!
So sucht ein Kind im Kuchen nach Korinthen.
 Ob sie euch schmecken, kümmert mich fürwahr nicht;
 So lest denn mit Geduld! Meintwegen garnicht!

Aber das ist cum grano salis zu verstehen. Das Epos hat einen Helden: Liliencron selbst. Aber doch nicht den handelnden, sondern einzig und allein den fühlenden Menschen Liliencron. Er schildert uns nicht seine Schicksale, nicht seine Lebensentwicklung, wie es nach dem Schema der Ästhetiker ein rechtes oder schlechtes Epos zu thun verpflichtet ist; sondern er öffnet alle Pforten seiner Sinne weit den Bildern der bunten Welt, saugt mit gleichem künstlerischen Entzücken das Schöne wie das Häßliche, das Erhabene wie das Lächerliche in sich ein: und all das blüht, nachdem es auf geheimen Wegen durch die Wunderwelt seines Innersten gezogen ist, als bunter Bilderreigen wieder heraus. Aber nicht als bloßes Spiegelbild: Liliencron reflektiert nicht — sondern als ein neues Wesen, so ganz getränkt in seine Eigenart, daß man überall weniger die Welt im Spiegel des Dichters, als die Dichter im Spiegel der Welt erblickt.

Und diese künstlerische Seele, die sich nirgends vordrängt und doch überall sichtbar bleibt, ist die Einheit dieses „kunterbunten Epos." In Haß und Liebe, Freud und Schmerz, in Kampf und Ruhe, in Jubel und Reue, in Rausch und Kater, zeigt sich diese seltene Seele vor uns nackt, ohne Scham noch Schande, weil sie in der tiefsten Tiefe keusch ist, von der Keuschheit des Naturmenschen, dem jeder Trieb gleich natürlich, also gleich heilig ist. Ob er uns Bilder aus längst verflossenen Zeiten darstellt, ob er seine eigenen Erinnerungen schildert, ob er Gegenwärtiges erzählt oder sich von seiner Phantasie bald in erhabene, bald in lächerliche Visionen treiben läßt: immer hat man den untrüglichen Eindruck der vollsten künstlerischen Ehrlichkeit, die nicht prahlt und nicht schämig thut, die weder nach dem feinen Parkett noch nach dem rohen Olymp hinschielt, sondern sich giebt, wie sie ist, ganz und klar, in Wahrheit und Freiheit.

Und diese Seele, wir müssen sie lieb gewinnen in ihrer nackten Schönheit. Schönheit ist Lebensfülle, ist Gesundheit: und wie ist sie gesund! Nichts Schwächliches an ihr, nichts Krüppelhaftes, ob auch der Geist etwas zu kurz geraten ist. Das schönste Gleichmaß aller Kräfte: sie will nicht über sich hinaus. Wir müssen sie lieb gewinnen, wenn sie auch nicht „sittlich" ist im Sinne ästhetischer Oberlehrer. Gott sei Dank! sie ist sogar sehr unsittlich. Aber sie ist — um nochmals ein Freundeswort zu zitieren — eines Kindes Seele, dem nicht Männliches fremd geblieben ist. Und um Liliencron selbst zu zitieren (Schlußcantus):

„Und meine Seele wird so klar und gut,
Unschuldig wie das Gras, worauf ich stehe;
Ruhig bewegt sich meine Herzensflut,
Versunken sind die vielen Ach und Wehe.
Mir wird so froh, so seltsam wohlgemut,
Als ob mir Überirdisches geschehe.

Nur einmal klingt mir noch ein Sehnsuchtsleid,
Ein Lied fernher, schon aus der Ewigkeit:
Na so wollnmrnochemal, wollnmrnochemal,
Heirassassa,
Lustig sein, fröhlich sein,
Raffassassa!

Und hier, wenn wir dies Poggfred aus der Hand gelegt haben, nach einem Leseabend, der uns meist in helles Entzücken, oft in tiefes Nachdenken, zuweilen in — ich weiß kein besseres Wort — frommes Erschauern und einige Male in ärgerliches Kopfschütteln gebracht hat: wenn wir dann zurückblicken und uns fragen, was von all dem bunten holden Spuk in uns übrig geblieben ist, dann sehen wir daß wir jetzt erst den Dichter völlig begriffen haben. Uns steigt die Erkenntnis auf, daß das „Phänomen" Künstler, welches wir untersuchen wollten, kein „Wunder" ist in dem Sinne, daß es aus der Menschennatur herausfällt, sondern ein Wunder in dem Sinne, daß es über die Menschennatur hinauswächst. Der Künstler ist ein gesteigerter Mensch. Und solch ein Mensch ist Liliencron.

Ein „Übermensch!" — Nicht ganz im Sinne seines Nietzsche. Der hat ihn nur ersehnt, nicht erlebt. Sein Adlerblick mußte die Sonnenhöhen des Menschendaseins wohl zu ermessen, aber ihm fehlen die Adlerflügel; daran zerfraß sich sein Hirn. Der aristokratische Friedrich Nietzsche erträumte sich den Siegermenschen — Sieger über die Welt und Sich — ganz ebenso, wie sich der demokratische Friedrich v. Schiller die Siegermenschheit erträumte: das „sentimentalische Glück" der am Ziele der Menschheit Angelangten sollte von hinreichender Schwingenkraft sein, um sie mit allem Ballast zehntausendjähriger Erfahrung und noch älteren Leides ebenso leicht und froh schweben zu lassen, wie den unbeschwerten Urmenschen Rousseau'scher Konstruktion sein „naives" Glück. So hoffte auch Nietzsche auf einen Uebermenschen, der trotz allen schweren Wissens Fausti die Schamlosigkeit und Reuelosigkeit der „prachtvollen blonden Bestie" haben werde.

Nein, dieser Übermensch ist Liliencron nicht, nicht ganz. Durch eine Schule ist er nicht gegangen, die ihm das Zeugnis dieser Reife einzig hätte geben können: er war nie Pessimist von Gottes Gnaden. Nie hat er der ekelhaften Schlange, die Einem in den Schlund kriecht, den Kopf abgebissen. Dazu fehlte ihm der furor philosophicus. Er war immer Optimist — von einem „wahrhaft verruchten Optimismus", wie Schopenhauer schelten würde.

Aber man thäte ihm wieder schwer Unrecht, wollte man glauben, diese Lebensfreudigkeit sei ihm kampflos geworden und geblieben. O nein! Er wäre kein voller Mensch, wenn nicht auch er aus Zweifeln gelegentlich in Verzweiflung gefallen wäre. Wer mit so leidenschaftlichem Hange die Gebirge des Daseins aufsucht, mit so leidenschaftlicher Abneigung die Flachebene des Philisteriums flieht, der steigt nicht nur auf die hellsten Höhen, sondern gerät auch in die Abgründe hinab; je himmlischer die Räusche der Seele, um so höllischer ihr Katzenjammer. Eine Stelle aus dem elften Cantus möge z. B. veranschaulichen, mit welcher Seligkeit und Bitternis der Dichter die unerfüllbare Sehnsucht nach dem idealen Weibe durchkostet hat. Bevor ich sie mitteile, muß ich zum Verständnis bemerken, daß diese Stelle auf einen wirklichen Vorgang zurückgreift, wo der Dichter einem frierenden Proletarierkinde ein Paar Fausthandschuhchen schenkt und sich im Stillen ein Kind mit eben so rührenden Augen von dem Weibe seiner Sehnsucht wünscht. Erst durch diese Rückbeziehung kommt die tiefe Wehmut und der furchtbare Hohn der versagten Erfüllung voll zur Empfindung. Die Stelle lautet:

Ich stützte mich auf meinen Stock und schaute
Auf diese grenzenlose Oceanstille:
Kein Vögelchen, das sich zu fliegen traute,
Kaum wagt im Grase ihr Gezirp die Grille.
Da, hör' ich recht? Ganz fern, wie Geisterlaute:
Kommen Najaden? Eine Meeridylle?
Ich sperre Mund auf, Augen auf und Ohr,
Und biege atemlos zur See mich vor.

Es klingt ein Knabenchor weither, weither
Wohl über tiefe, tiefe Stromesbreiten,
Die Bikingharfe rauscht weither, weither
Erinnerung aus alten, alten Zeiten,
Doch dein Gesang, hoch her, weither, weither,
Schwebt über Harfenton und Chor und Saiten.
   Das Alles zieht, schwellend, weither, weither
   Wohl über stille, stille Wasserweiten.

Und näher schwillts. Und aus der Ferne graut:
Ein Schiff? Taucht eine Muschel auf? Ein Floß?
Ein Thron aus Laub und Rosen aufgebaut,
Voran fliegt königlich ein Albatros.
Inmitten, nackend, steht die schönste Braut,
Umringt von Amors Troß und Tulpensproß.
   So naht sich, immer singend mir der Zug,
   Der zierlich meine heiße Sehnsucht trug.

Sie steigt, allein, ans Land und überreicht
Zwei Winter-Kinderfausthandschuhe mir,
Und lächelnd spricht sie und verneigt sich leicht:
„Dies letzte Angebinde schenk' ich dir."
Und wendet sich und geht, ich bin erbleicht,
Und tritt an Bord in ihre Blumenzier.
   Die Fausthandschuhchen kosten grad drei Groschen,
   Ob sie das sagte, ist in mir erloschen.

Es klingt ein Knabenchor fernhin, fernhin
Wohl über tiefe, tiefe Stromesbreiten,
Die Wikingharfe rauscht fernhin, fernhin
Erinnerung aus alten, alten Zeiten,
Doch dein Gesang, hoch her, hoch hin, fernhin,
Schwebt über Harfenton und Chor und Saiten.
Das Alles schwindet, zieht fernhin, fernhin
Wohl über stille, stille Wasserweiten . . .

Und nun vergleiche man im Gegensatz dazu die reine Seligkeit des weltvergessenen Vaterglückes (Poggfred, sechster Cantus), um zu ermessen, welche Ströme der getrenntesten Gefühle in dieser Dichterseele zusammenmünden:

Madonna unter dem Akazienbaum.
Er steht in Blüte, schwüle Jahreszeit,
Der Himmel blaut bis an den Meeressaum.

Und meine Herrin, hoch gebenedeit,
Säugt unser Töchterchen, die kleine Abel,
Und strahlt von rührendster Holdseligkeit.

Der ganze Garten weihraucht venerabel,
Und alle Blumen müssen sich verneigen;
Weit, weither tobt, tollt, grollt die Sündenbabel.

Und solche Bilder reinen Glückes wirken um so köstlicher bei ihm, weil er sich eben nie verhehlt, daß ringsherum „die Sündenbabel grollt." Niemals belügt er sich; nie läßt er sich von seiner schönen Phantasie den scharfen Blick fürs Wirkliche blenden. Hart war sein Leben, wie das eines Jeden, der den Stolz hat, seinen eigenen Weg zu gehen. Niedertracht und Dummheit der Menge, Unverstand selbst aus dem Kreise der Besseren, trafen ihn so schwer wie jeden anderen Strebenden. Wie mancher ist darüber zum Timon geworden! Ein „Brecher war er, ein Verbrecher;" oft genug gerät ein solcher, wenn er seiner eigenen Natur gehorchen muß, mit andern Naturen in harte Berührung und ein Menschenglück zerbricht. So mancher konnte das nicht verwinden und fiel in Verzweiflung oder lernte feige die Versuchung fliehen. Selbst unsre Besten knirschen über das gesellschaftliche Elend, über den moralischen Wahnsinn, der uns am Rande des Baches, im Schatten des Apfelbaumes alle Qualen des Tantalus leiden läßt, und werden spitzige Giftpfeile.

Liliencron hat auch das erfahren, vielleicht noch härter als andere, weil das ererbte Blut der Grands-Seigneurs nach Schönheit und Fülle für sich, nach Reichtum für's Schenken-Können schreit. Aus seiner Seele, die nur kräftige Kinder gebiert, wuchsen auch die Bestien Weltekel, Reue, Menschenhaß zu schlimmer Kraft und griffen ihn grimmig an. Bis an den Rand des Selbstmordes, wie Poggfred mehrfach ahnen läßt, haben sie diesen Lebensfreudigen gehetzt: andre Kämpfe, als sie die Molluskenseelen erleben, die zur Sünde und zur Reue wie zum Glück zu schwächlich sind! Hier war kein „Lebensläuschen", um mit Gottfried Keller zu reden, dessen Gipfel erklommen ist, wenn „eine Bachwelle und ein Sandhäufchen sich gegenseitig das Herz brechen": hier tobte ein Vernichtungskampf zwischen zwei ungebrochenen Naturgewalten höchster Ordnung, eine Ilias des Innenlebens.

Und in diesem Kampf ist Detlev von Liliencron Sieger geblieben. Er hat sich mit dem Glauben an sich selbst den Glauben an die Welt kämpfend erhalten. Er ist manchmal gefallen, aber nie liegen geblieben. Nie ist er seinem Ideal untreu geworden. Durch allen Kot durfte er reinen Fußes gehen, weil er sich selbst nie untreu wurde, seinem heiligen Müssen, das ihn trieb, sich auszublühen inmitten der Taxushecken unsrer Kultur, ein freier Waldbaum, den nie des Gärtners Scheere stutzen durfte. Frei zu sein, wahr zu sein, tapfer zu sein, milde zu sein, so weit es möglich ist, ohne sich selbst aufzugeben: das war sein Ideal und ist es geblieben. Die Jahre haben die vornehme Ruhe des Gentleman, die self-domination der Briten, dazu gethan.

Dieses Ideal hat er nie ganz ausgefüllt — was wäre ein Ideal, wenn es erreichbar wäre?! Aber er hat sich ihm stets genähert. Er ist nie, auch nur auf kurze Zeit, untergesunken, in so tiefe und stürmische Oceane ihn sein leidenschaftlicher Weltwille auch gerissen hat. Und das ist eine höhere Sittlichkeit, als die impotente Philistermoral sie ahnen kann. Im Himmel ist — dem Himmel sei Dank — mehr Freude über einen Sünder, der Buße thut, als über neunundneunzig Gerechte, die niemals sündigten. Und wenn Liliencron, der Balafré des Lebens, mit ruhmvollen Narben bedeckt in Klarheit und Wahrheit seine Beichte ablegt, dann ziemt dem Nie-Versuchten Ehrfurcht! Klatschmäuler aber sollte man aufs Maul klatschen.

Ich fuhr erschrocken auf nach dieser Reise,
Und fand mich auf der höchsten Alpenspitze,
Verlassen und allein wie eine Waise.

Verlassen? Stand nicht auf dem Platz der Blitze,
An eine Flaggenstange festgebunden,
Ein Mann, ein Schemen, auf dem Donnersitze?

Erwartet der hier seine letzten Stunden?
Den Tod? Umschrien vom Sturm, von Kannibalen?
Am Folterpfahl die letzte seiner Wunden?

Wer bist du? rief ich. „Du — und deine Qualen,
Dein Körper, deine Seele! siehst du's nicht?
Dein Leben mußt du hier zurückbezahlen."

Da trat ich zu ihm hin, wie dicht ans Licht,
Und starr' ihn an, und steh wie eine Säule:
Dann sollst du, Bube, mit mir ins Gericht!

Er aber reißt sich los mit Wutgeheule,
Und wirft mich nieder, würgt mich, kniet auf mir,
Wir kämpfen, doch er knebelt mich im Knäule.

Ich fühle seines heißen Atems Gier,
Stoßweise schreit er rasend auf mich ein,
Indessen er mich anglotzt wie ein Tier:

„Nie gabst du deinem Glück ein Stelldichein,
Vom Leichtsinn ließest du dich stets bethören,
Des Weibes Keuschheit war dir leerer Schein.

Charakter fehlte dir, Dir zu gehören;
So wars ein jämmerliches Schwanken nur,
Und Wahnsinn mußte endlich dich zerstören."

Fern ließ zu mir empor ein Ordensschwur
Den Hohenfriedeberger Marsch erschallen,
Da sprang ich auf, als hätt' ich Kraft vom Ur,

Und ließ den Teufel in die Gründe fallen,
Daß klatschend er von Zack zu Zacke schlug,
Im Echo muß ein greulich Wort verhallen:

„Selbstmörder —". Schuld aus eignem Lug und Trug,
Das Los von dem, der niemals Halt gewonnen;
Die Sinne schwanden mir wie Rauch im Zug.

Doch eh mein Geist den schwarzen Weg genommen,
Fühlt' ich von weichen Armen mich umschlungen,
Und eine süße Stimme sprach: „Willkommen!

Jetzt hast genug du mit dir selbst gerungen,
Hier reicht ein reines Weib dir Trost und Treue,
Die Liebe hat den bösen Feind bezwungen."

Und himmlisch quoll das Thränenlied der Reue.

Wir meinen, das forderte Ehrfurcht! Denn aus solchen Kämpfen leuchten zwei der höchsten Tugenden: Wahrheit und Kraft. Die Kraft, die Nietzsche so schmerzlich ersehnte, Liliencron besitzt sie; zwar nicht als Denkender, aber als Lebender. Nietzsche zerbrach unter der Last des Weltschmerzes: er war nicht genug „tragbarer Stier." Aber Liliencron trug sie, und war stark genug, die letzte Wiedergeburt zu erleben, die Zarathustra fordert: ein „spielendes Kind" zu werden. Oder besser: ein „Tänzer".

Und so widerlegt diese Seele den theoretischen Pessimismus durch ihr bloßes Dasein. Nur in der Weltflucht, in der Büßer-Askese können wir, so meinte Arthur Schopenhauer, den Willen zum Leben verneinen und zum Nirwana-

Glück gelangen. Liliencron beweist durch sein Leben, daß es noch einen anderen Weg giebt. Auch wer mitten im Wirbel der Welt bewußt, kühn und fröhlich seine Edelweißkränze von der Steilschlucht des Todes pflückt, auch der „verneint den Willen zum Leben" und erringt sich sein Glück. Und das thut Liliencron. Täglich setzt er sein Leben ein, als sei es das wertloseste, und gewinnt es täglich zurück, als das herrlichste. Wie er ohne Zaudern seine physische Existenz einsetzte im Kugelregen dreier Kriege, und heute noch in der Segeljolle, wenn die Windsbraut seine geliebte Nordsee peitscht, so hat er seine moralische Existenz in schwersten Gefahren tausendfach gewagt und tausendfach zurückgewonnen. Und so hat er mitten in der Sansara sein Tänzerglück gefunden.

„Poggfred" ist der Tanz dieses Starken, Lebensfreudigen. Er tanzt über Gräber fort, die er überwunden hat, in den Himmel hinein, den er sich erstritten hat. Ganz Poggfred ist wie eine künstlerische Illustration zu dem Wahlspruche, den auch ein Starker, aber kein Poet, sondern Philosoph und Politiker, den Friedrich Theodor Vischer als Kampfpreis eines kostbaren Lebens heimgetragen hat:

„Fuß über Grüften,
Fest auf dem Festen,
Kopf in den Lüften:
So ist's am Besten."

So also ist, wir wiederholen es, Poggfred ein einheitliches Kunstwerk geworden, weil es den Siegestanz der einen Künstlerseele darstellt. Diese eine Seele hat Liliencron verstanden und durchschaut bis in ihre tiefverborgensten Falten, bis an die Grenze des Unbegreiflichen; sie ist ihm nichts von ihren Reichtümern schuldig geblieben. Aber wieder zeigt sich, daß hellstes Licht auch dunkelste Schatten wirft. Seine bis zur letzten denkbaren Feinheit ausgebildete Fähigkeit der unmittelbaren Weltwahrnehmung — und dazu gehört das eigene Vorstellungsleben — hat ihn zur mittelbaren Weltwahrnehmung so gut wie unfähig gemacht.

Wie diese Seele den Mikrokosmos fühlt, ohne den Drang, ihn zu begreifen, wie sie auch den Zusammenhang der eigenen Vorstellungskurven nicht zu ergründen strebt, sondern einfach nur das bunte Linienspiel verfolgt und feststellt: so auch den Mikrokosmos der fremden Seele. Dieser feine Belauscher der eigenen Seelenbilder ist kein Psychologe ersten Ranges. Er kann eben nicht aus seiner Haut fahren, weder um sich selber zu verwandeln, noch um in eine fremde hineinzufahren. Und das ist es, warum es ihm nie gelingen wird, die höchste Palme des Romanciers und des Dramatikers zu erringen.

In seinen Dramen und Romanen giebt es nur absolute Charaktere. Hie Ormuzd, hie Ahriman! Schwarz oder Weiß! Held oder Feigling, Balbur oder Loki sind seine

Männer; Dirne oder Heilige, Mänade oder Nymphe seine Weiber. Wohlverstanden die Hauptgestalten. In den Nebengestalten ist ihm sehr oft ein glücklichster Griff ins Individuelle gelungen. Sein Herzog Knut aber — „pue la générosité" — ist grade so tapfer, edel, schön und tugendhaft, wie irgend ein Werner von Fels oder Walther von Lindburgk aus der Marlitteratur. Seine „Brünhilde" in den Merowingern ist nichts weiter als ein grimmiger alter Drache ohne jedes Gefühl, außer dem der Rachsucht und Herrschgier; lediglich ein Anflug genialen Humors macht die grauenhafte Gestalt menschlich erträglich. Sein Kaiser Heinrich VI. ist nur brutal-großherrlich, ein widerwilliger Caligula im Hohenstaufenpanzer.

Einzig sein Breide Hummelsbüttel ist eine Vollgestalt im Vordergrunde. Aber hier wie in Poggfred: auch Breide ist Selbstporträt in jedem Zuge, der genialische, leichtlebige, leichtsinnige, freigebige, tapfere, liebenswürdige Schwerenöter Liliencron, aber erst der „Weltmann" Liliencron, noch nicht der ganze Welt m e n s ch, den uns Poggfred offenbart. Und seltsam: e i n e Aber fremden Seelenlebens giebt es d o ch, mit der sein eigenes im Quellpunkt zusammentrifft: in Vers wie Prosa hat er mannigfach — er, der als Mädchenjäger verschrieen ist — die tragische Sehnsucht der unberührten Mädchenseelen, der kaum erschlossenen Jungfrauseelen zur rührenden Gestalt verkörpert. Welche Welt von zartem Mitgefühl, von eigener und fremder Keuschheit, spricht — um ein Beispiel zu geben — aus folgendem kleinen Bilde im neunten Poggfred-Cantus:

Wir schossen weiter durch das Sterngewühl
Und landeten in einem Eibengarten,
Der schalteneinsam stand und frühlingskühl.

In alten gotischen Bronzestühlen, harten,
Mit steilem, überhäupterhohem Rücken,
Sah ich unzählige junge Mädchen warten.

Sie waren tot. Es spielte ein Entzücken
Um ihren Mund, die sechzehnjährig starben;
Ein Seufzen schienen sie zu unterdrücken.

Mit Mohn von matten, rosahellen Farben
Umschlang ein Kranz ihr leichenruhig Haupt,
Das erste Liebesträume einst umwarben.

Da sah ich sie, die mir mein Herz geraubt,
Als ich ein Schüler war, die dann gestorben,
Die, ach, wie lange schon, im Sarg verstaubt.

Sie schlief hinüber frisch und unverdorben;
Nun saß sie hier in ihrem Unschuldshemd,
Um die ich, selbst ein Kind, so heiß geworden.

Sanft küßt' ich ihre Stirne, zage, fremd,
Da öffnete die Augen sie zu mir
Und ihre Ärmchen hielten mich umklemmt.

Dann wieder schloß sich ihre Wimpernzier,
Die Arme fielen schlaff auf ihren Schooß,
Und wie vorhin saß leblos sie vor mir.

Im Übrigen aber sind seine Gestalten flaches Basrelief Er legt uns nicht menschliche Seelen auf das Secierbrett, wie Dostojewsky oder Arne Garborg, zeigt nicht mit kaltblütiger Vivisektionskunst auf, wie das bloßgelegte Herz pulsiert, die Erregungsketten durch die Gehirnzellen laufen, Gedanken und Stimmungen sich verknüpfen; er ist auch nicht der Schöpfer Goethe oder Tolstoj, der seine Menschen von innen heraus, gleichsam aus ihrer Eizelle entwickelt — sondern er tastet sich, wie ein scharfäugiger Bildhauer, von außen an ihre Seelenform heran; das Porträt wird ähnlich, aber es bleibt Stein, und kein Gebet belebt Galathea.

Die eigentümlichen Menschentypen unseres Jahrhundert-Endes, diese Gehirnmenschen, die daran kranken, daß sie noch einen Leib besitzen, der Triebe und Leidenschaften bedingt; diese Individualisten, die den Gattungs- und Herdentrieb nicht ausroden können; diese Sozialisten, die mit ihren Instinkten Bourgeois bleiben; diese Künstler, die daran ekelkrank sind, daß sie nach dem Beifall des Pöbels gieren, den sie doch verachten; alle diese Typen der Dekadenten, die so verzweifelte Sprünge machen, um den Zopf loszuwerden, der ihnen hinten hängt; und alle Typen andrerseits des neuen Menschenadels der Ascendenten, die mit großäugiger Hoffnung in eine heilige Zukunft schauen, die mit zäher Energie und leidvoll jauchzendem Opfermut an dieser Heilandszukunft arbeiten — Liliencron hat sie alle gesehen und genau beobachtet „wie sie sich räuspern und wie sie spucken", mehr kaum. Zwar bejaht er sie, wie alles Seiende; zwar liebt er die Sinkenden, mit einer schmerzlichen Liebe, wie der Gesunde den Krüppel; zwar kämpft er mit den Steigenden ihren Kampf, als der Edle mit dem werdenden Recht gegen das mächtige Unrecht — aber er hat sie niemals so recht von innen heraus verstanden.

Um noch einmal alles zusammenzufassen: Liliencron ist das verkleinerte **Abbild des deutschen Volkes selbst**. Einheitlich wie das Volk, trotzdem es aus den entgegengesetztesten Bestandteilen besteht, ist auch Liliencron einheitlich trotz der wunderlichen Mischung seiner Geisteselemente. Wie wir überzeugt sind, daß die tausendfach verschiedenen Empfindungen und Meinungen des Volkes als Schlußergebnis stets eine goldene Mittelempfindung und Mittelmeinung ergeben müssen, die das richtige praktische Handeln bedingt, so springt bei Liliencron stets und von selbst das richtige künstlerische Handeln heraus. Seine modernen und seine mittelalterlichen Elemente sind Gewichte, die ihn auch bei den stärksten Erschütterungen im Gleichgewicht erhalten, wie die zwei Bleikugeln den bekannten Weihnachtsengel, der in der Mitte einer straffgespannten Schnur auf seiner Fußspitze balanziert.

Er ist das Volk: und darum ist er gesund wie das Volk, und ewig jung wie das Volk, und seine Sprache volkstümlich: das ist das Geheimnis seiner rätselhaften Jugendlichkeit.

Er ist das deutsche Volk und darum erscheinen in seinen Dichtungen in scharfer Prägung die „Tugenden" und „Laster" der germanischen Rasse: ihr empirischer Charakter, die zähe Treue gegen ererbtes Recht, der Trotz gegen erkanntes Unrecht, die Freude am Kriege, an Trunk und Spiel, die Lust an der freien Natur, die derbe klammerstarke Sinnlichkeit, die vielleicht ein Stück Brutalität enthält, aber nie ein Stück Frivolität, die herrliche Kindlichkeit des Selbstvertrauens und das mannhafte Mißtrauen vor allem schönen Schein, der gute Glaube an die fremde Welt und doch der hohe Eigensinn des Individuums, der ohne Bedenken die schwersten Pflichten auf sich nimmt, sich leicht mit Leib und Seele als Opfer verschenkt, der aber sofort ungeduldig an seinen Ketten zerrt, sobald er merkt, daß als pflichtmäßige Leistung von ihm gefordert wird, was seine freie Seele als freies Geschenk zu geben bereit war: — Siegfried und Hagen in Einem.

Und weil Liliencron so deutsch und weil er so volkstümlich ist, darum will das deutsche Volk vorläufig noch so wenig von ihm wissen. Denn hinter sich selber kommen die Menschen am schwersten und am unliebsten . . .